Plachandern und Quiddern
auf Deiwel komm raus

Dr. Alfred Lau

Plachandern und Quiddern

auf *Deiwel komm raus*

Weltbild

Besuchen Sie uns im Internet:
www.weltbild.de

Genehmigte Lizenzausgabe für Verlagsgruppe Weltbild GmbH,
Steinerne Furt, 86167 Augsburg
Copyright der Originalausgabe © 2007 by Verlagshaus
Würzburg GmbH & Co. KG, Würzburg
Rautenberg im Verlagshaus Würzburg, www.verlagshaus.com
Umschlaggestaltung: Atelier Seidel – Verlagsgrafik, Teising
Umschlagmotiv: Silvia Jansen / www.shutterstock.com
Gesamtherstellung: CPI Moravia Books s.r.o., Pohorelice
Printed in the EU
ISBN 978-3-86800-853-1

2014   2013   2012   2011
Die letzte Jahreszahl gibt die aktuelle Lizenzausgabe an.

Inhaltsverzeichnis

So schabbern wir

(Neue Folge)

Wer in unserm Schabbergarten
Jetz wie ich mal weden geht,
Sieht, daß ieberall e trautstes,
Halbvergess'nes Wortche steht.
Wo e Passlack nält und loddert,
Wo de Oma Spulchen spult,
Wo der Glumskopp sagt: „Au golle!"
Und am Krepsch der Pracher pult.

Dwatsch und wischig wird de Muttche,
Wenn das Huhn all Weihnacht kluckt,
Wenn der Pierack is verpraasselt
Und im Sock e Pruddel huckt.
Wenn der Gnoss am Essen gnaschelt,
Nicksch und mäklig, kriegt er, rietz,
Einem fiere Freß getachtelt,
Und im Knösel kocht der Giez.

Wie e Keichel nachem Schnodder
Mancher Jung nach Kruschkes gielt,
Wer als Gniefke is geboren,
Gieprig mang e Dittchens wiehlt.
Der Wenktiener porrt und pranzelt,
Muschkebad steht im Rogal,
„Los, Musik!" so brillt der Prickel,
„Oder sonst– öck schiet öm Soal!"

Aufem Kumst kommt kein Kaneel rauf,
Wer Stachlinskis angeln geht,
Wirgt dem Pieratz aufem Haken.
„Inne Hotz, es is all spät!"
Gnietsche Pleester viel kadreiern,
Alte Kerdels kölstern oft,
Und im Diestern trampelt mancher
Aufem Grumpel unverhofft.

Kasels sind mit Dreck beoselt,
Wer e Dulks kriegt, macht pardautz,
Wem noch untre Zudeck hubbert,
Brauch e Maitrank inne Plautz.
Mancher Lauks hat prebsch und kiewig
E Rapetschke inne Fupp,
Kaffee giebt nich, sondern heechstens
Plurr, Pischull und Schlorrensupp.

Jedes Wortche macht dich glicklich
Und ramort dir untre West,
Wie der Adebar de Poggen
Grabsch ihm raus und halt ihm fest.
Denn ob päsern oder brisseln,
Ob Pareezke, ob Figglien,
Mit Schmelecksche, rösch und Kodder
De Gedanken heimwärts ziehn. – –

Nu aber Schluß!

Dreimal kam de Bertche zu frieh auße Schul,
Dreimal ließ de Lehrersche sagen,
Se solld sich mal waschen mit Wasser und Seif,
Da platzd de Muttche der Kragen.

Se huckd sich hin und se nahm dem Blei,
Dem Busen voll Zorn und voll Rache:
„Geehrtes Freilein! Ich schreibe Sie
In eine betreffende Sache.

De Bertche, die stinkt?! Da lacht ja de Katz,
Und de Kuh, de rotbunte, kichert!
Nu reißt mir der Zwirn, denn Ihnen hat
Bestimmt der Kurrhahn geschichert!

Sie is wohl e Druckknopf im Kopp geplatzt,
Und nu blakt bei Sie der Zilinder?
Was stecken Se Ihre vornehme Nas
In andere Leit ihre Kinder!

Se denken emmend bei Ihr hohes Gehalt,
Ich werd vor Sie mir verkriechen?
Belernen sollen Sie meiner Mergell,
Belernen! Und nich beriechen!

Und wenn Se ihr noch mal beriechen tun,
– Das wurmt mir im Herz wie e Stachel! –
Das sag ich Sie heeflichst, denn hat es gebumst,
Sie feinstreif'ge, pröss'ge Rachachel.

Denn schick ich Sie meinem Mann aufem Hals,
Im Gutens nich mehr, nei, im Beesen,
Denn sind Se bestimmt, das sag ich Sie,
De längste Zeit Freilein *gewesen*!"

Ich lebe vegetarisch

Auf Schritt und Tritt heer ich der Menschen Klage:
„Was mach ich bloß, ich geh so inne Breit!"
Das liegt doch nur an die Ernährungsfrage,
Heert auf mit Fleisch, es ist de heechste Zeit.
Und schreibt Eich meine Mahnung hintre Ohren,
Ich hab das Fleisch fier immer abgeschworen.
Der Fleischgenuß is sowie so barbarisch,
Drum lebe ich jetz bloß noch vegetarisch:

Zu Friehstick gibt es Drahtverhau
Mit Bruken, Kumst und Gras,
Auch Diestelsupp bringt mir de Frau,
Die trink ich auße Tass.
Zu Mittag gibt es Weidenstrauch,
Zu Ambrot gibt Salat.
Jetz pfeif ich aufem Schweinebauch,
Auf Klops und Karmenad.

Jetz eß ich Stachelbeeren und Tomaten,
Kartoffelkraut und Gurkenfrikassee,
Geschmortem Kirbis und Kohlrabibraten
Und Riebenbrei und eingemachtem Klee,
Kastaniengritz und Zwiebel und Hollunder,
Und ich erleb dabei mein blaues Wunder:
Mir tut kein Hacks'che Fett nicht mehr beschweren,
Weil ich mir vegetarisch tu ernähren:

Zu Friehstick gibt es Drahtverhau
Mit Bruken, Kumst und Gras,
Auch Diestelsupp bringt mir de Frau,
Die trink ich auße Tass.
Zu Mittag gibt es Weidenstrauch,
Zu Ambrot gibt Salat.
Jetz pfeif ich aufem Schweinebauch,
Auf Klops und Karmenad.

Doch eins, das tut mir mächtig gribbelieren,
Ich werd nich satt und ewig steh ich krumm.
Der krätsche Magen will nich mehr parieren,
Und längs e Därmels gnurrt aus eins es rum.
Se werden sicher selbst dem Zustand kennen,
Von morgens frieh bis abends muß ich rennen,
Und traurig kuck ich da, das is erklärlich,
Denn Vegetarier sein is sehr gefährlich.

Zu Friehstick gibt es Drahtverhau
Mit Bruken, Kumst und Gras,
Auch Diestelsupp bringt mir de Frau,
Die trink ich auße Tass.
Zu Mittag gibt es Weidenstrauch,
Zu Ambrot gibt Salat …
Von morgen eß ich Schweinebauch
Und Klops und Karmenad!

Stimmt nicht ganz

In Pillkallen gibt es mal wieder e Fest,
E freehliches Wintervergniegen.
Da scherbeln de Gäste vom Frauenverein,
Daß foorts de Dielen sich biegen.

Da schwenken der August, der Hans und der Fritz
De Friedche, de Emmche, de Trine,
Und zwei blaue Jungens sind auch mittenmang
Auf Urlaub von unsre Marine.

Der eine Matros, von Kurbjuweits
Der Heinrich, der is man Gemeiner,
Der zweite is Leitnant und bloß auf Besuch,
Drum kennt im Saal ihm auch keiner.

Akk'rat und propper de Uniform,
Gerad wie e Talglicht der Ricken,
So geht durchem Saal er, dem Scheitel gewichst,
Und aller staunen und kicken.

Wie sicher und forsch er beim Tanzen sich dreht,
Und wie inne Hiften er wiegt sich!
Denn bringt er der Dame am Platz zurick
Und butscht ihr de Hand und verbiegt sich.

Nu fodert er Lubenau's Minna auf,
Die strahlt, und denn meint se beklommen:
„Sie haben doch sicher e hohem Beruf,
Wo meist vonne Bildung soll kommen?"

„Was heißt hier hoch? Ich bin Deckoffizier,
Da müssen Sie sich dran gewöhnen."
„Aha," sagt de Minna, „nu weiß ich all,
Denn kommen Se wohl aus Trakehnen!"

Freilein Minchens Badekur

Eine Osteroder Ballade

Mein armer Bleistift schlägt de Augen nieder,
Und mein Papier errötet schamerfüllt,
Und Freilein Minchen kocht der Zorn im Mieder,
Wenn einer bloß von spricht, denn wird se wild.
Und doch, ich muß in Versen mir entled'gen,
Denn Osterode schreit nach dies Gedicht,
Tut Freilein Minchen mir nachdem beschäd'gen,
Denn bin ich Opfer bloß von meine Pflicht. –
Es war im Herbst, bepungelt ihrem Ricken,
Kam Freilein Minchen außem Schlesierland,
Mit scheenem Leinenzeug uns zu beglicken,
Mit Schirzen, Drell und sonst noch allerhand.
Se war so richtig inne zweite Jugend,
De Rippen scheen gepolstert, fett und rund,

So schleppd se voller Ehrbarkeit und Tugend
Sich rum mit ihre zweimalhundert Pfund.
Wenn neetig wurd, denn konnd se ieberwintern
Von eigne Karmenad und eignes Fett,
Drum wippd se stolz und kräftig mittem – Sitzstick
Und schnierd dem Vorrat ein in ihr Korsett.
Und doch war Freilein Minchen nich zufrieden,
Das Fett, das schmiß so gern se ieber Bord,
Das Liebesglick, das war ihr nich beschieden,
De Korpulenz, die trieb de Kerdels fort.
So winschd se oft, se wär e Baumwollfaden,
Nich grad so haarig, aber doch so dinn,
Und wenn se denn bekickd sich ihre Waden,
Kam ihr Entfettungssehnsucht innern Sinn.
Doch nitzden keine Troppen, keine Pillen,
Bei alle Miehe wurd es bald ihr klar,
Ihr greeßter Wunsch, der tat sich nich erfillen,
Se blieb so rund und wabblig wie se war.
So kam se fettbeschwert nach Osterode
Und nahm bei eine alte Frau Quartier,
Auch hier war leider schlanke Linie Mode,
Und deshalb quäld der Kummer ihr auch hier.
De Frau, die tat ihr dies und jenes raten,
Auch bei e Tochter fand se Mitgefiehl,
Denn die ihr Fett war lang all ausgebraten,
Nu war se mager wie e Besenstiel.
Der Dokter hädd ihr Bäder mal verschrieben
Mit reichlich Salz, weil das dem Speck zerstört,
So war nu bloß das Magre noch geblieben.
Knapp hadd nu Freilein Minchen das geheert,

Da wolld se foorzig ran mit Salz und Baden,
Nei, hädd se bloß all frieher das gewußt,
Se sah im Geist all spiddrig ihre Waden
Und fettbefreit de Hiften und de Brust.
E Badewann war leider nich vorhanden,
De Tochter nahm dazu e Heringsfaß,
Doch daran ging de Hoffnung nich zuschanden,
De Hauptsach, es war Salz und es war naß.
Nu gab kein Zögern mehr und gab kein Loddern,
Nei, aufe Stell begann nu gleich de Kur,
Und Freilein Minchen streifd sich schnell de Koddern
Von ihre Zweimalhundert-Pfund-Figur.
So stand se da, das arme Fett das schlackerd,
Die schlanke Tonn, die wolld ihm nich im Sinn,
Doch Freilein Minchen ratzd und rucksd und rackerd
Und premsd sich durch, und – rietz! – da war se drin!
Drin huckd se'. Aber wie se, eingepökelt,
Genug geplimpert hädd, da wolld se *raus*!
Doch wie se sich auch reißt und rackt und räkelt,
Es geht nich los, es wird und wird nuscht draus.
Se kann es nich begreifen und verstehen,
Se hat sich rein all de Figur verknillt,
Se schwitzt und stehnt, ihr tut de Pust vergehen,
Bis daß se angsterfillt um Hilfe brillt.
Drei Frauen kommen, ihr vom Salz zu retten,
Und zoddern annes Fett ihr hin und her,
De Tonn hält fest mit Klammers rein und Ketten,
Und bald is aus, denn keine zwingt nich mehr,
Das sieht auch Freilein Minchen nu mit Schrecken,
Und aus ihr Aug' e dickes Tränche rollt,

Denn inne alte Heringstonn verrecken,
Das hat se ganz gewißlich nich gewollt.
Drum hilft es nuscht, der Schwager muß nu kommen,
Zwar huckt se hier sehr stark dekolletiert,
Doch besser all, e Augche voll genommen,
Als daß se gänzlich ihrem Geist verliert.
Der Schwager kommt und wischt sich iebre Lippen,
Wie er ihr sieht im tiefsten Neglischeeh,
Denn fängt er an, de Venus rauszuwippen,
Und triezt ihr untre Arme inne Heeh.
Beim Wurgeln muß er orndlich Schwitz verlieren,
Es ist umsonst, es faßt ihm rein der Boß,
Und zwischendurch tut er e Aug riskieren,
Denn so e Glicksfall trifft sich selten bloß.
„Das Beste is emmend, de Tonn zersägen,
Bloß Vorsicht, daß de Haut nich wird geritzt!"
Schnell tut er Freilein Minchen breitseit legen,
Jedoch se lamentiert vor Angst und schwitzt.
Da kommt der Nachbar Ede angeschlackert,
Wenn seine Altsche noch so doll krakehlt,
Er kickt nu zu, wie sich der Schwager rackert,
Bestimmt, der hat warraftig noch gefehlt.
Jedoch er tippt sich wichtig annem Dassel:
„Mir scheint direkt, ihr seid aus Dusselsburg,
Was quält ihr eich zuschanden mit dem Brassel,
Dem Hammer nehmt und schlagt dem Reifen durch!"
Nu tut der Schwager sich geheerig sputen,
Und damit is zu End auch mein Gedicht,
Denn Freilein Minchen tauchde aus die Fluten,
Und mittem Hechtsprung war se außer Sicht. – –

23

Bloß Nachbar Ede hadd noch Grund zum Klagen,
Er hield es nämlich sehr fier seine Pflicht,
Nach dem Erfolg von diese Kur zu fragen,
Und dabei hat er fiere Freß gekriegt! – – –

Der Einkauf

Da huckt de Frau Lehrer und is so bedrippt
Und sagt denn zu Wischkoreits Jettche:
„Ich brauch doch e Topf, aber nich fiere Milch,
Nei, einem fier unteres Bettche.
Dem giebt fier eins fuffzig bei Hammerschmidts
Im Laden zu kaufen natierlich,
Bloß weißt, mich kennt doch de ganze Stadt,
Drum is mir das etwas schenierlich.
Möchst Du mir das Toppche nich kaufen gehn?
Was meinst? Am besten gleich morgen.
Du bist doch e dreiste Mergell und du kriegst
Noch extra was fieres Besorgen."
„Das mach ich, Frau Lehrer, das is mir egal."
„Na schön! Aber wenn se dich fragen,
Von wem du kommst und fier wen das is,
Denn darfst du das, Jettche, nich sagen!"
„I wo, Frau Lehrer, bloß länger kann
Ich mir mit dem Krät nich befassen,
Ich geh doch abends noch erst auf Besuch,
Wo soll ich dem Toppche denn lassen?"
„Ganz einfach! Ich hab mit zwei Damen um vier

Im Café Matull mich versprochen,
Da bringst es mir hin, verpackt, und sagst,
Hier sind für den Hektor die Knochen!" –
Se missden um vier, es war proppevoll,
Mit Miehe e Platzche sich suchen.
Nu hucken de Damen und trinken dem Plurksch
Und kauen dem kleistrigen Kuchen.
So gegen halb fimf, de Frau Lehrer bestellt
Fier jede noch einem Prienellche,
Da kommt de Jettche und drängelt sich durch,
Das druggliche, dreiste Mergellche.
Se schubbst mitte Hiften nach links und nach
    rechts,
Denn stolz schwenkt es ieber ihr Koppche, –
De arme Frau Lehrer wird weiß wie de Wand, –
In jede Hand einem Toppche
Und hält de Damens se untre Nas.
Was wird se denn nu bloß noch machen?
Se stellt de Terrinchens mit Schwung aufem Tisch,
Und aller kicken und lachen.
„Er hädd so viele, da wußd ich nich,
Welch einem ich nu solld kaufen.
Da gab er mir diese zur Auswahl mit
Und sagd, – ich war all im Laufen:
Das kleinere könnd de Frau Lehrer ich
Drei Dittche billiger lassen.
Bloß nimm ihr man Maß, zur Sicherheit,
Das Toppche das muß ja auch passen!"

Genaue Auskunft

Se war e Kurgast aus Berlin
Mit breitem Fahrgestell
Und fragd dem Fischer Bimbulies
Zwölf Löcher innes Fell.
„Was machen Sie auf hoher See
Im wilden Sturmgebraus?"
„Denn schmeiß ich foorts dem Motor an
Und dimpel schnell zu Haus."
„Und wenn der nun nicht tuckern will
Und Sie im Stiche läßt?"
„Denn setz ich Segel, liebe Frau,
Und halt am Mast mir fest."
„Und wenn es reißt, denn flicken Sie
Es wieder schön zurecht?"
„Nei," sagd der alte Bimbulies,
„Madamche, denn is schlecht.
Denn mach ich Testament, öck weet,
Hier koam öck nich mehr rut.
Denn schiet öck mi noch önne Böx,
On denn, – joa, denn ös ut!"

Katz und Maus

Ja, der Bressuhn is wirklich zu bedauern,
Er bildt sich ein, er is e kleine Maus
Und daß de Katzen aller ihm belauern,
Drum traut er nich mehr auße Stub sich raus.

Er wurd hiptonesiert, er wurd besprochen,
Genitzt hat alles nuscht, er blieb dabei
Und hat vor Angst sich unterm Schrank verkrochen
Der arme Kerl, er war im Kopp entzwei.

Da haben se zuletzt ihm eingefangen
Und ihm mit List nach Bachmann*) hingebracht,
Und wie e halbes Jahr denn war vergangen,
War er zurechtgeruckst und heilgemacht.

Mit Miehe hädden se ihm beigebogen,
Daß er e Mensch war, aber nich e Maus,
Da plumpsd bei ihm der Dittche: Ungelogen,
Er war gesund und durfd nu wieder raus.

Er hat noch gut getrunken und gefuttert,
Ehr daß er Kehrt machd aufem linken Hack,
De dicke Schwester, wo ihm hadd bemuttert,
Die kriegd e Butschche noch auf jede Back,

---

*)   Nervenheilanstalt bei Memel

27

Se hädd ihm trei bewacht auf Schritt und Trittche,
Dem Dokter buffd er zärtlich gegne Wand,
Dem Heilgehilfe gab er noch fimf Dittche,
Denn nahm er seinem Pungel und verschwand.

Knapp fimf Minuten später stand er wieder
Verschichtert im Biero und wolld nich gchn,
Ihm buffd das Herz, ihm flogen alle Glieder:
Er hädd e Kater anne Eck gesehn.

Nu war dem Dokter seine Kunst zu Ende,
Es war doch wieder alles fiere Katz,
Denn faßd er dem Bressuhn an beide Hände
Und sprach beschwörend bloß dem einen Satz:

„Der große Kater will nur Mäuse fressen,
Drum gehen Sie beruhigt jetzt nach Haus,
Sie wissen's doch und habens' nicht vergessen,
Sie sind ein Mensch, Sie sind doch keine Maus!"

„Ich weiß es," kriegd der Dokter drauf zu heeren,
„Se taten ja mit Miehe und mit Fleiß
Dadrieber mir e halbes Jahr belehren,
Wie weiß ich aber, ob de *Katz* das weiß?"

Schwieriger Fall

De Kinderchens hucken bedutt inne Schul,
E Tafel hängt anne Wand,
Dem Finger dem haben se tief inne Nas,
Dem Griffel fest inne Hand.

Der Lehrer steht annem Pult und tut
Nach ihre Eltern se fragen,
Auch wie der Vatche mit Vornamen heiß,
Das missen se aller ihm sagen.

Der Martin is dammlich, er weiß es nich,
Drum kriegt er eins iebergerissen.
„Bis morgen frieh", sagt der Lehrer streng,
„Mein Jungche, da wirst du das wissen!"

„Nun", fragt der Lehrer am andern Tag,
„Wie heißt er denn, Karl oder Fritz?
Vielleicht gar August?" Der Martin der grient
Und dreht inne Hand seine Mitz.

„De Muttche läßt sagen", so legt er denn los,
„Daß se leider das auch nich weiß.
Se wär all froh, wenn se wenigstens wußd,
Wie der Vater mit *Nachnamen* heiß."

Dumme Frage

Se war gegen Abend aus Breslau gekommen
Und hadd in Perwelk sich e Zimmer genommen
Bei einem Fischer, ganz dicht am Strand,
Bloß Sonnche brauchd se und Wasser und Sand,
Das heiß, e großem Krepsch voll Natur
Fier ihre Nerven und ihre Figur.
So an vier Wochen gedachd se zu bleiben
Und sich mitte Micken de Zeit zu vertreiben.
Nach die – Gelegenheit wolld se noch fragen,
Das Ortche – Se wissen all – sozusagen…
„Ach so, wenn ich Ihnen richtig versteh,
Denn meinen Se sicher wohl unser Abe!"
Sagd drauf der Fischer. „Hier gehn Se raus,
Dort schräg gegenieber das kleine Haus!"
„Und wo is der Schlissel?" so wolld se noch
   wissen.
„Der Schlissel? Dem haben wir weggeschmissen.
Wer soll uns hier all beklauen kommen?
Da hat uns noch keiner was weggenommen."

De Versuchung

Der Lude Guldies der is in Polangen
Mal Sonntag zum „vakarelis"*) gegangen
Und hat anne Theke mit seine Genossen
Sich ganz geheerig de Nas begossen.
Denn huckd er sich hin auf e Bankche im Garten,
Um aufem Montag Morgen zu warten.
De Nacht is schwiel, und es zirpen de Grillen,
Vom Saal her heert er de Litauer brillen,
De Birken die duften, es murmelt das Meer,
Sein Kopp is dick, und sein Herz is schwer.
Es plinkert der Mond, und es wispert der Wind,
Vom Wasser her riecht es nach Aal und nach Stint. – –
Da kommt e junge Schameitsche**) bei ihm
Mit weiße Schuhe und blaues Kostiehm,
Das Freßche plautzig, de Augen blank,
So huckt se sich plästrig bei ihm aufe Bank
Und rutscht immer dichter und pust und stehnt.
Se weiß wohl Bescheid und se is es gewehnt. – –
De Nacht is rum, und der Traum is aus,
Der Lude Guldies der is wieder zu Haus
Und schobbt sich de Hacken und huckt aufe Schwell
Und deest und denkt an die nette Mergell.
Da sieht er Bartoleits Ausche kommen,
Dem hat er nu gleich sich vorgenommen
Und alles ausfierlich ihm beigebracht

---

  *) Litauisches Tanzvergnügen
 **) Litauerin

Von die Schameitsche und von die Nacht.
Der Ausche is gieprig und heert und lacht:
„Was hast du nu weiter mit ihr gemacht?"
„Was solld ich all machen? Das kannst dir doch
   denken,
Das is es ja grad und das tut mir kränken.
Was fing ich mit die Schameitsche all an,
Wo ich doch kein Wortche nich litauisch kann."

Richtig!

Der Ede Kemsies is nei aufem Bau,
Er peerzt sich und stremmt sich und mauert genau,
Punkt zehn aber haut er de Kell im Dreck
Und huckt sich hin aufem Klotz inne Eck.
E Stund all hat er vom Friehstick getreimt,
Nu kaut er und schmatzt, daß das Maul ihm
scheimt.
Da brillt der Polier, er is außer sich:
„Du, Friehstick, das giebt bei uns aber nich!"
Der Ede kaut weiter und denkt: „Ei kiek!",
Denn nimmt er e Schluck und denn brillt er zurick:
„Na siehst, das hab ich doch gleich mir gedacht,
Drum hab ich mir selbst all was mitgebracht!"

Gesangvereins Himmelfahrt

Der Friehling weckt die allertiefste Triebe,
Wo untre West verklaut im Busen ruhn,
Das Herzche bufft vor Freid und Angst und Liebe,
Und einer is bedammelt foorts und duhn.
Und was sich riehrt, das wird nu rausgeschmettert,
Das muß gebrillt, das muß gesungen sein,
Der, wo bis jetz allein is rumgeschettert,
Der wird nu Mitglied im Gesangverein.

Da kann er bölken, daß de Kragen platzen,
Wenn er auch weilerweis im Ton sich irrt,
Und kriegen auch das Rennen foorts de Katzen,
Und wenn de ganze Milch foorts sauer wird,
De Hauptsach is, er arbeit mitte Gurgel
So laut, wie geht, so oft, so lang er kann,
Und hängt auch miede runter all der Schnurgel,
Er muß von frischems anne Töne ran.

Und aus die Töne werden denn de Lieder,
Wo andre Menschen aufe Nerven gehn,
Denn wo man singt, da laß dich ruhig nieder,
Da huck dir hin und tu dir das besehn.
Denn kommt aus deine Augchens foorts e Träne
Und kullert ieberm Hälsche dir im Bart,
Da reißen inne Backen dir de Zähne,
Und ganz verrickt wird erst zu Himmelfahrt.

All morgens frieh, wenn diester noch de Gegend,
De Straßen noch nich stinken nach Benzin,
Ob hubbrig is, ob hagelt oder regent,
De Sänger die sind aller aufem Kien.
Se hucken forsch sich aufe Schurnaljäre,
Und denn geht los, de Gurgel is geschmiert,
Im Brillens durche Friehlingsatmosphäre,
Daß man so bruscht, und einer diregiert.

Und immer lauter werden denn de Lieder,
Manch einer der verrenkt sich foorts de Lung,
Und einer kriegt dem Schlucker. Hin und wieder
Beißt sich auch manchmal einer aufe Zung.
De Pferdchens prusten boßig durche Niestern,
De Hundchens bellen, und de Hähne krähn,
Und wenn se innem Wald sich mal verbiestern,
Denn sind se bloß zu heeren, nich zu sehn.

Se schunkeln freehlich durchem Friehlingsmorgen,
Se schichern wach durch Brillen de Natur,
Und inne Schieblad liegen alle Sorgen,
Und mitte Zeit wird langsam sechs de Uhr.
Denn sind se endlich weit genug geruckelt,
Und innes Griene wird nu statzjoniert,
Denn wird auch foorts der Freßkrebsch abgepuckelt,
Weil mitte Zeit sich nu der Magen riehrt.

Mang die Natur, da tut erst richtig schmecken,
Da wird de volle Buddel rumgereicht,
Und wenn se sich de Finger noch belecken,
Denn is mit eins der Hosenboden feicht.
Drum stellen se sich wieder aufe Beine
Und bilden einem Humpel alle Mann,
Und mit die scheene „Freiheit, die ich meine"
Geht wieder doll und forsch am Singen ran.

Mit Singen und mit Essen wird so sieben,
Und manchmal geht auch orndlich all auf acht,
Nu sind se wirklich lang genug geblieben,
Drum wird sich aufem Heimweg nu gemacht.
Der ganze scheene Schlaf is inne Sohlen,
Nei heernse, ich bleib lieber all zu Haus,
Um vier Uhr morgens, soll der Deiwel holen,
Kriegt mir kein Aas nich auße Federn raus!

Reingefallen

Nu hab ich mir zweimal vorbei all gehuckt,
Nu bin ich all zweimal geschieden,
Das lag annes Maul, das war immer zu groß
Und steerde dem heislichen Frieden.
Die erste, die hädd e zerquetschtem Sopran
Und quietschd wie e rostriger Schlissel,
Die zweite, e Zung wie e Häckselmaschien,
Die fraß mitte Hand auße Schissel.

Die erste, die wurd ich im Gutens noch los,
Die zweite, die ging erst im Beesen,
Die hat mittem Schlorr mir de Nas rujeniert,
Wo frieher gerad is gewesen.
Nu war ich erleest, de Nas wurd geflickt,
Und alles wär gut nu gegangen,
Bloß leider, wir Männer sind immer zu dumm
Und lassen von frischems uns fangen.
Mein Tantche, die wolld sich dem Kuppelpelz,
Es war all der zwölfte, verdienen
Und hat e Mergellche mir zugefreit,
De Emma Bubblies aus Klemmschienen.
Se war vonne vierzig nich weit und se hädd
E doppeltes Kinnstick, e fettes,
Se huckd wie e Fladen so aufe Schosseeh
Und hädd innern Aug' so was Nettes.
Zwar kickd se e bißche verquer umme Eck,
De linksseit'ge Hift, die war lahm ihr,
Doch fiel das beim Hucken nich allzu doll auf,
Was soll ich viel reden, ich nahm ihr!
Denn keiner von all die Fehlerchens konnd
De Simpatie mir erkälten,
Ein Punkt, der geniegd mir: Se stotterd sehr stark,
Drum sprach se man rucksweis und selten.
So lebden wir glicklich, se fitterd de Schwein
Und tat mir de Klunkersupp kochen,
Und wenn zu besprechen mal wirklich was war,
War still se, und ich hab gesprochen.
Und denn – – kam e alte Zigansche im Haus,
O wär ich allein doch geblieben,

Die hat fier fimf Dittche ihr hiptonesiert
Und hat ihr das Stottern vertrieben. –

De „Möblierte"

Bei Erpeleits is eine zugezogen,
Se sagt, se is beschäftigt beis Gericht,
Die zahlt meebliert mit Wäsche ungelogen
Pro Tag zwei fuffzig exklusieve Licht.

Se muß bestimmt von bessre Eltern stammen,
Denn wo e andrer Haut hat, hat se „Täng",
Beim Sprechen nimmt se vornehm sich zusammen
Und aufem Sofa sagt se „Scheußeläng".

Se sagt auch nich „verloren" und „vergessen",
Se sagt „passeh" und weilerweis „perdüh",
E andrer Mensch tut mittem Löffel essen,
Die *nich*, die ißt im Resterang „Menüh".

Se wickelt sich in seidene Kleidasche,
Mit Weizenmehl bestreit se sich de Freß,
Bis Mittag liegt se inne Schnarch-Garasche,
Und außerdem noch liegt se im Prozeß.

Se hat beim Rechtsanwalt e Haufen Schulden,
Noch weiß se garnich, was der Krempel kost,
Und alle Montag kriegt se fuffzehn Gulden,
Die bringt der Geldbriefträger vonne Post.

Se hat kein Mutter nich und hat kein Vater,
Erzogen hat se, sagt se, eine „Miß",
Und abends geht se häufig im Theater,
Weil ihr das Kino zu gewöhnlich is. –

„Die fuffzehn Gulden reichen knapp für Miete!"
So hat de Erpeleitsche sich gesagt,
Drum hat se voller Mitgefiehl und Giete
Von was se lebt, nu kirzlich ihr gefragt.

Da hat das Freilein ihrem „Täng" vergessen,
„Menüh" und „Miß" und was ihr sonst gequält,
Vom Sofa sprang se auf, wo se gesessen,
Und hat de Erpeleitsche was erzählt:

„Sei grieset Wief, von watt sull öck denn läwe?
Sei Hupe Möst, na, ös dat vleicht e Schand?
Sei ware mie doch nuscht to fräte gäwe,
Vleicht schloag öck miene Tähne önne Wand!

Dat kömmt mie hoch, dat deiht mie röchtig häwe,
Sei wart mie froage möt ähr schorwget Mul!
Na sie öck Enne all wat klamm gebläwe,
Sei Donstkröck, Sei Rachachel, Sei ohl Uhl?"

So haud se los, der Sabber spritzd im Bogen,
Indem de Stimm sich fimfmal ieberschlug.
De Erpeleitsche hat sich schnell verzogen
Und schmiß de Tier zu, denn se wußd genug!

So heißen wir

Ich hab die Namens aufgeschrieben,
Auch das is Heimat, meine Lieben,
Wo stolz wir tragen durches Leben
Und anne Kinder weitergeben.
Findst einem von die Namens hier
Wo angeschrieben anne Tier,
Denn klingerst an. Und wer kommt raus?
Bestimmt e Landsmann von zu Haus.
Es is e kleine Auswahl bloß.
Nu halt dir fest, nu geht es los:
Albat, Mazannek, Uschkoreit,
Perkuhn, Rogowski, Adomeit,
Wieczorrek, Hofer, Baltruschat,
Laskowski, Dorka, Oschkenat,
Mileswki, Podschus, Weschkalnies,
Romeike, Supplie, Pannapies,
Jenett, Lukat, Venohr, Bittihn,
Nadolny, Trostmann, Padubrin,
Woytewitz, Chlupka, Odloschinski,
Rudat, Opalka und Kaminski,
Albien, Genee, Brassat, Maguhn,
Schlobies, Mattem, Susat, Krakuhn,
Padeffke, Raudschus, Wessolowski,
Zipplies, Naujoks, Kinat, Jankowski,
Salewski, Rinnau, Enderweit,
Quoß, Migge, Palfner, Duscheleit,
Gemballa, de la Chaux, Krapat,
Willimzig, Beyrau, Endrissat,

Grabowski, Laurinat, Weikies,
Piontek, Fornem, Kemsies,
Besmehn, Jakubzig, Engelien,
Preugschat, Rogalski und Kerwien,
Guttowski, Kempka, Bartoleit,
Sinnhuber, Quednau, Kadereit,
Puzicha, Kornatz, Konopatzki,
Gromelski, Tolksdorf und Bernatzki,
Meyhöfer, Gutzeit, Uredat,
Embacher, Mrowka, Gallinat,
Lau, Riedelsberger, Donalies,
Gramattke, Dirschus und Packschies,
du Maire, Koslowski, Kowalewski,
Tobien, Karalus und Majewski,
Philippzig, Podschus, Domscheit, Weller,
Paprotta, Rimkus, Obersteller,
Obgartel, Smelkus, Krauledat,
Kulinna, Juschka und Wartat,
Adamczik, Potrek, Keiluweit,
Jessat, Krispien und Petereit. – –
„Was nimmt der Lau", fragt der Venohr,
„Sich gradzig unserm Namen vor?"
Empeert is auch der Fornaçon:
„Mir scheint, der will mir am Ballong!"
Haut sonst noch einer aufem Teller?
Der Keiluweit? Der Obersteller?
Nu macht man halweg, liebe Leite,
So hießt ihr, und so heißt ihr heite.
Ich stelld zusammen bloß de Namen,
So wie se grad im Sinn mir kamen,

Und ich se brauchd, das mißt ihr wissen
Weil se sich hinten reimen missen.
Und deshalb soll auch keiner denken,
Ich wolld ihm ärgern oder kränken.
Da, kickt dem Schneidereit eich an!
Er is geknickt, der arme Mann.
Sein großer Name, nich zu fassen,
Is in die Liste fortgelassen.
Drum mault er jetz! „Nu is soweit,
Nu geht all ohne Schneidereit!"

De Erleichtung

Wer hat noch dem Role Kaweischus gekannt?
Viel Durst hadd er meist, aber wenig Verstand.
Dem Deppke verheilt und de Bixen zerrissen,
Von Arbeit wolld er all garnuscht wissen,
So lebd er dahin wie e alter Wenktiener
In seine Kaburr mit zwei spillrige Hiehner,
Die haben dem Teller, dem Tisch und dem Schäckert,
Dem Schaff und de Schlafbank behuckt und bekleckert,
De Kriemels ihm dreist außem Schnurrbart gepickt
Und treiherzig ihm inne Augen gekickt.
Die waren entzindet, verglast und verschwommen,
Das is von die Fusikalien gekommen,
Vom Bier und vom Kornus und anderem Stoff,
Der Role der trank nich, der Role der soff!
Da kriegd er, – es klopfd, und er sagd: Herein! –

Mit eins Besuch von e frommem Verein,
De Schwester Lottche mit schwarzem Kapottche,
Die wolld ihm erleichten. Da sagd er: „Ach Gottche,
Bemiehen sich nich, ich wer ja bald sterben,
An mir is nu wirklich nuscht mehr zu verderben."
Doch die hat ihm weiter gut zugesprochen,
De Hiehner die hädden vor Angst sich verkrochen,
Geporrt und gepranzelt und eingeladen
Zu eine Versammlung mit Kaffee und Fladen.
Bloß Schnaps, dem gab nich! – Da fiel dem Lottche
E Klacks'che vom Huhnche auf ihrem Kapottche.
Das war dem Role doch sehr schenierlich,
Drum sagd er: „Scheen Dank, und ich komme natierlich!"
Er brauchd de Erleichtung, er war ja verdiestert,
Drum is er auch wirklich mal hingebiestert
Und prahld, ob mit oder ohne Befeichtung,
Nu, wo er bloß konnd, von die große Erleichtung.
„Eerscht häbbe se mi tom Hucke geneedigt,
Denn wurd gesunge on wurd geprädigt,
Denn geew et Kaffee on seetem Kooke,
Bloß nuscht to supe on nuscht to rooke,
Denn keeme se an möt grote Posaune
On häbbe gebloase. Doa kunndst obber staune!
Dat schlog oppet Liew mi on brusd mi öm Kopp,
On wie et to End weer, doa heerde se opp.
Toletzt, öck deed nu all zöttre an bäwe,
Doa wurd noch e Teller möt Göld romgegäwe,
On wie dä an mie nu verbie ös gekoame,
Doa häbb öck mi ook gliek twee Gille genoame."

42

Leiermanns Friehlingslied

Mel.: Üb immer Treu und Redlichkeit

Nu brillt de Menschheit laut Hurra,
Es weht all Friehlingswind,
Der erste Vogel is all da,
Er klebt zu Haus am Spind.

Versetzt is alles im Galopp,
Im Leihamt Tisch und Stuhl,
Der Kaktus in e greeßrem Topp,
De Kinder inne Schul.

De Sonnche klettert heeher rauf,
Es ruckst in Brust und Bauch,
Der Mensch, der reißt de Fenster auf,
De Zähne reißen auch.

Es zieht! Das muß im Friehling sein,
Denn das geheert dazu,
Im Herz zieht neie Hoffnung ein,
Und Wasser zieht der Schuh.

De Liebeslust beherrscht de Welt,
Der Kientopp is jetz nuscht,
De Bänke werden rausgestellt,
Das Maul wird frisch getuscht.

Beim Vatche legt sich Zorn und Boß,
De Muttche hat zu tun,
Se legt nu mitte Rein'gung los,
Und Eier legt das Huhn.

Und ich, als kluger Leiermann
Stell mir geschäftlich um,
Wenn ich nuscht mehr zerorgeln kann,
Markier ich „blind und stumm".

Im Friehling sind de Menschen weich,
Weil Freid im Herzche wohnt,
Was einer arbeit, is ja gleich,
De Hauptsach is, es lohnt!

Klogschieter

Wie einst der liebe Gottche
De Menschlichkeit erschuf,
Formd außem letzten Dreck er
Klogschieter von Beruf.
Die reden so geschwollen
Und geben schaurig an,
Daß einer all von weitems
Se leicht erkennen kann.
Die heeren Flöhe husten
Drei Meilen gegen Wind
Und wissen alles besser,

Weil se „gebüldet" sind.
Auf alle Fachgebiete
Da kennen se sich aus.
So einer war der Kaliweit
Bei uns im Dorf zu Haus.
Da hädd emal der Dunskus
E Dackel sich gekauft
Fier runde dreißig Gulden
Und Waldmann ihm getauft.
Gleich kam der kluge Kallweit
Und nahm, das Maul verquer,
Dem Dunskus seinem Dackel
Klogschietrig im Verheer.
„Mensch, Dunskus, dreißig Gulden!
Das is ja viel zu viel,
Das is doch gar kein Dackel,
Das is e Kaffeemiehl.
Kick bloß die kurze Ohren,
Das is doch kein Behang
Fier einem teiren Dackel.
De Schnauz nich spitz und lang,
Wie gute Dackels haben,
Nei, richtig stumpf und breit.
Dem schmeiß man weg, ich weiß doch
Mit Hunde gut Bescheid.
E Rasse-Dackel kaufen,
Das is e große Kunst,
Und du, mein lieber Dunskus,
Hast davon keinem Dunst!
Plieraugen hat er auch noch!

Und denn die Fieße! Nei,
Fier sowas dreißig Gulden,
Das is Betriegerei!"
Da wurd der Dunskus wietend:
„Nu wird es mir zu dumm.
Was willst bloß von die Fieße?
Na, sind die nich scheen krumm?"
„Was nitzt das ganze Krumme,
Das is doch piep und schnurz,
Die Fieße von dem Dackel
Die sind doch viel zu kurz!"
„Na scheen," sagd drauf der Dunskus,
„Hast recht, ich seh es ein.
E bißche kurz geraten?
Na ja, das meeg schon sein.
Bloß eins is an die Fieße
Die dreißig Gulden wert:
De Hauptsach is, se reichen
Direkt bis aufe Erd!"

Wer väl froagt,...

Wat weer et, ach Gottche, öm Kreeg bloß schlömm
Ferre Mönsche önne Städte,
Se suckelde aller am Dume rom,
Denn se hadde nich väl to äte.
Dat bätke, wat oppe Koarte gew,
Weer väl to wennig tom Läwe,

46

Dat drog de Katt oppem Zoagel weg
On brukd söck nich to terhäwe.
De Moage, dä knorrd, on de Schwoart, dä knackd,
Drom toge de Mönsche ön Hupe
Möt grote Pungels tom Hamstre rut.
Se wulle nich roke on supe,
Dem Schnaps on dem Tobback, dem gewe se her,
Se wulle nich preme on schnuwe,
De Hauptsach, se krege to äte wat möt
On brukde nich Koahldamp to schuwe.
Doa hadde de Bure e grote Tied
On meegde söck väre on hinge,
Von allem, wat aftoleewre weer,
E bät oppe Sied wat to bringe.
E bätke bloß! Se sullde nich
Tovӓl to verschuwe röskeere,
Drom keeme de Herres vom Wörtschaftsamt,
De Bure to rewendöre.
Se schmeete möt Löste on Zoahle rom,
Möt Pörregroaf' on Artikel,
On tällde de Gissels, de Farkel, de Schwien,
De Kurre, de Keeg on de Kiekel.
Dem Keller, de Koamer, de Lucht on de Schien,
Dä deede se önspizeere,
Se steckde de Näse öm Duweschlag
On wulle de Mälk kontrolleere.
On denn de Eier! De Buer, dä sulld
Keen Koorn de Hehner nich gäwe,
Keen Weite, keen Gerscht on keen Hoawer nich.
Wat bleew ferre Hehner tom Läwe?

Denn allet weer ferre Mönsche bestömmt,
Wat vonne Földer gekoame.
„Öck futter Soagmehl!" säd de Lepschies,
Wie he fest önne Tang wurd genoame.
„Was, Sägemehl? Sie meinen doch
Das weiße Holzmehl vom Sägen?
Ja, werden die Hühner denn davon satt
Und können sie Eier legen?"
Doa flötzd dem Lepschies e Spoaß dorchem Kopp,
Dem kunn he söck nich verbiete:
„Nä, Herrke, Eier legge se nich,
Obber Langholt done se schiete."

Eine kalte Sache

Ich lernd ihr kennen ans Biefeh
Mang Wurscht und Majonäse,
Da huckd se plastrig aufem Stuhl
Und sagd, se heiß Therese.

Bloß weiter sagd se nuscht nich mehr,
Ich konnd mir drehn und biegen,
Aus die Mergell, warraftgen Gott,
War nuscht nich rauszukriegen.

Kiehl kickd se mir von oben an
Und stolz wie e Komteßche,
Und mich erschien zu Haus im Traum
Ihr blankes, plautzges Freßche.

Ich war verrickt, verrickt im Traum,
Ich brisseld, braschd und blubberd,
Umsonst, se blieb so kiehl, daß mir
Rein untre Zudeck hubberd.

Kiehl blieb se auch das zweite Mal,
Und ich verkiehld mir richtig,
Knapp kam dem Abend ich zu Haus,
Hädd ich dem Reißmandichtig.

So blieb se kiehl an ihr Biefeh
Mang ihre kalte Sachen,
De Kälte war ihr Lebenszweck
Da war foorts nuscht zu machen.

Ich dachd bei mir, ich hab ja Zeit,
Es muß mich doch gelingen,
Die kalte Krät mang Käs und Aal
E Butschche beizubringen.

Und richtig, endlich war so weit,
Bloß – da war ich verloren,
Wie ich zerick wolld, denken sich,
Da war ich angefroren!

Friehlingsahnen

Wenn nach lange Hubberwochen
Endlich kommt der Friehling ran
Und de Sonn kommt rausgekrochen,
Fängt e großes Ahnen an.
Alles spiert inne Kaldaunen
E Gefiehl, wo sich bewegt,
Wo sich buggert, stubst und kullert,
Bis es aufes Herz sich legt.
Keiner kann es nich beschreiben,
Keiner kennt sich richtig aus,
Jeder ahnt bloß, innern Busen,
Is was drin und will nu raus.
Manchem juckt der Nasenfliegel,
Und denn ahnt, er, ach, herrjeh,
Morgen werd ich Schnupfen kriegen,
Und besorgt sich Fliedertee.
Einer ahnt im Friehlingsmantel,
Und er boßt sich schief und krumm,
So, nu zerg ich mir von frischems
Mittem Reismantismus rum.
Jedes Frauche butscht ihr Mannche.
Plötzlich mang de Zärtlichkeit
Ahnt er, nu geht los mit Pranzeln
Wegnes neie Friehlingskleid.
So hat jeder seine Ahnung
Inne scheene Friehlingszeit,
Schniffelnd ahnen selbst de Hundchens
Friehlingslust und Seligkeit.

Einsam hucken drei Mergellens
Aufgedonnert aufe Bank,
Links e Dinne, rechts e Dinne,
Und e Dicke mittenmang.
Jede bufft das Herz vom Friehling,
Jede treimt von Glick und Kuß,
Jede ahnet einem Jingling,
Wo nu endlich kommen muß.
Eine kullert mitte Augen,
Eine stehnt und eine zuckt,
Jede ahnt, das is de Liebe,
Wo ihr mang dem Busen huckt.
Ahnen tun se, aber keine
Ahnt mang Freid und Kimmernis,
Daß de Bank, wodrauf se hucken,
Gradzig frisch gestrichen is.

De Fliegen

Wo hinten am Schweinstall der Misthaufen liegt,
Da riecht es nich scheen, aber richtig.
Da steht auch e Haus'che, das is man klein,
Jedoch es is neetig und wichtig.

De Tier, die klemmt, drum geht se nich zu,
Se is verspakt vonnem Regen,
Und immer lächelt e Herzche dir,
Wenn eilig hast, hilfreich entgegen.

Doch wer in dem Haus'che Erleesung sucht,
Is menchsmal nich zu beneiden.
Oft macht es ihm gar keine Freide nich
Und bringt ihm bloß Ärger und Leiden.

Im Winter zieht es, denn frierst rein an,
Bestimmt, das is kein Vergniegen,
Im Sommer aber behucken dir
Die krätschen, die aasigen Fliegen.

Besonders die Brummers, blänkrig-blau
Und dick wie Rosienen, die frechen,
Daß rein dir nich mehr zerwehren kannst,
So burren se rum da und stechen.

So missd aus eins auch der Hauptmann Schmidt
Mit die Beeskräten sich kabbeln,
Der war im Manöwer einquartiert
Bei einem Besitzer in Babbeln.

Verzweifelt haud mitte Flochten er rum
Und konnd sich nich helfen und retten,
Die Äster, die pieksden ihm ieberall,
Die hinterrickschen, die fetten.

Dreist krochen se ihm inne Naslöcher rein
Und kitzelden ihm anne Ohren.
Denn missd er flichten, de Bix inne Hand
Und schnell, sonst war er verloren.

„Ja", meind der Bauer, wie er sich beklagd,
„Se gehn ja auch immer am Morgen,
Das dirfen Se nich, das is verkehrt,
Das missen Se mittags besorgen.

Fier sowas is mittags de beste Zeit.
Wenn einer se kennt, denn kenn' ich se,
Denn hucken de Fliegen nich aufes Abe,
I wo! Denn sind inne Kich se!"

Behiet di Gott...

Ein neuer Text nach alter Melodie

Es is im Leben häßlich eingerichtet,
Und dammlich arrangschiert auf diese Welt,
Daß die Säsong fier frische Äppelsienen
Stets mitte Bockbierzeit zusammenfällt.
Und ob dein Herz im Guten wie im Beesen
Dadrieber jammert oder wietend grollt:
    Behiet di Gott, es wär so scheen gewesen,
    Behiet di Gott, es hat nich sein gesollt!

Dein Frauche ißt nu schockweis diese Frichte,
Verdrickt, was reingeht, und dein Geld wird knapp,
So mußt du manches Glas'che dir verkneifen
Und jankerst dir de Zung und sonst was ab.
Und tust de Dittchens du zusammenlesen,
Wo iebrig sind, denn siehst du traurig ein:
    Behiet di Gott, es wär so scheen gewesen,
    Behiet di Gott, es hat nich sollen sein.

Kannst du nu trotzdem deine Bierchens trinken
Und gehst zu Haus mit „onduliertem" Gang,
Denn kommt e Äppelsienenschal dazwischen,
Geradzig standst noch, rietz, nu liegst all lang!
Denn kommt de Millgesellschaft mittem Besen
Und fegt dir auf und trietzt im Kahn dir rein:
    Behiet di Gott, es wär so scheen gewesen,
    Behiet di Gott, es hat nich sollen sein.

Frißt du nu *auch* vor Ärger Äppelsienen
Und gießt e Bockbier rieber grad aus Boß,
Denn merkst du bald, die Mischung is gefährlich,
Denn burbelt inne Plautz dir rum de Soß.
Und liegen denn im Rinnstein deine Spesen,
Denn klagst du laut: „Das hab ich nich gewollt!"
  Behiet di Gott, es wär so scheen gewesen,
  Behiet di Gott, es hat nich sein gesollt!

Die haben Sorgen!

Zwei Gnubbels, fimf, sechs Jahre alt,
Die tun sich unterhalten.
Vom Kinderkriegen reden se,
Se reden wie de Alten.
Der eine hält von Kinder nuscht,
Drum will er keine haben,
Der andre ja, so Sticker acht,
Und meeglichst alles Knaben.
„Nei", sagt der erste, „Kinder? Nei!
Von die will ich nuscht wissen,
Die Kräten kosten soviel Geld,
Weil se viel essen missen.
Se machen sich de Bixen naß,
Zerreißen sich de Plossen
Und ärgern einem immerzu,
Was soll ich mit die Gnossen?"
„Ja", meint der zweite, „Ärger gibt

Es immer mit den Kindern,
Bloß, wenn du keine haben willst,
Wie willst du das verhindern?"
Der erste: „Ich bin doch der Mann,
Da werd ich nich viel fragen,
Das werd ich einfach meine Frau
Gleich bei e Hochzeit sagen."
Der zweite schlackert mittem Kopp:
„Na meinst, das wird geniegen?
Vleicht horcht se nich, vleicht will se grad
E Haufen Kinder kriegen."
Er ieberlegt, was werden soll,
Wenn der ihr das verbietet.
Mit eins da sagt er: „Ei was machst,
Wenn se denn heimlich brietet?"

Zwergspitze

Eine Erinnerung an Guttstadt

Manch einer greift sich annem Dassel heite
Und denkt, ach könnd ich Hundezichter sein,
De Hundezucht is was fier kluge Leite,
Se macht Vergniegen und se bringt sich ein.

Denn so e Hundche kriegt e Haufen Kinder,
Aus einem werden Sticker drei bis vier.
Wer die verkeisern tut, das merkt e Blinder,
Der scheffelt Dittchens und der hat Pläsier.

So is all mancher aufem Hund gekommen,
Und sowas sprach sich auch bis Guttstadt rum.
Da wohnd e Krugwirt, wo das hat vernommen,
Und der probierd es, denn der war nich dumm.

Er kaufd e Zwergspitz-Freilein netto Kasse,
Die scheene „Senta vonnem Allestrand",
Die war bestimmt von allerreinste Rasse
Und hädd e weißes Fellche foorts wie Schmand.

Doch missd se bald vor Liebesqual sich winden,
Da half kein Umschlag und kein Asperin,
Se konnd in Guttstadt keinem Breitgam finden,
Drum missd de Senta schleinigst nach Berlin.

Se kam zurick, und nach diwärse-Wochen,
Da lagen junge Hundchens inne Bucht,
Vier Stick auf einmal waren ausgekrochen,
Und nu war fertig erst de Hundezucht.

Jetz konnd es losgehn mittes Geldverdienen,
Der Krugwirt schmiß sich orndlich inne Brust,
Pro Stick so hundert Gulden vleicht, die schienen
Ihm nich zu viel, – – – wenn er nu bloß wem wußd!

In Guttstadt tat er Inträssänten suchen
Und bot de Hundchens aus wie sauer Bier,
Doch nitzd kein Reden nich und nitzd kein Fluchen,
Es wurd nich einer wen'ger von die vier.

Wie nuscht mehr half, beackerd er nu dichtig
De Reisende und bot se Prowisjohn,
Die horchden rum e bißche nu, und richtig,
Bald hädd er einem auch verkeisert schon.

Nu war mit eins er foorts wie umgewandelt,
De Hundezucht das war direkt e Staat,
Der, wo dem Hundche sich hadd eingehandelt,
Wohnd in Berlin und war Kommerzienrat.

Vergniegt und freehlich tat er ihm verpacken.
„Der Keifer“, sagd er, „is e edler Mann,
Was soll ich mit die Kräten hier mich racken,
Ich dreh ihm noch e zweites Hundche an!“

„Zweihundert Mark!“ so tat er laut frohlocken,
„Was is fier dem das schon e große Supp!“
So brachd er seine Hundchens aufe Socken
Und hädd im Geist das Geld all inne Fupp.
Jedoch nach kurze Zeit, es war zum Weinen,
Da trafen se in Guttstadt wieder ein.
Der Herr, der schrieb: „Bestellt hab’ ich bloß einen,
Und außerdem: Er is nich stubenrein.“

Nu huckd er traurig da mit seine Spitzchens,
Sogar de Mutter Senta war betriebt,
Und seine Freinde machden ihre Witzchens
Und fragden, wenn de nächste Sendung gibt.

Das Flecklied

Ein Rundgesang zum Fleckessen

(Mel.: Das Wandern ist des Müllers Lust)

Wir alle wissen, ich und du,
Das Beste vonne Muschekuh
Is Kuddelfleck.
Heit' jankert uns mal wieder doll,
Drum haun wir uns de Koddern voll,
Drum haun wir uns de Koddern voll
Mit Kuddelfleck.

(Mel.: Mariechen saß weinend im Garten, 2 Verse)

Es lebt mal e armer Kassäter
Allein mit e schwarzbunte Kuh,
Die machd vor Kummer und Sorgen
Fier immer de Augen zu.
Er hat ihr nich begraben,
Er hat ihr ausgeschlacht,
Teils hat er ihr gereichert
Und teils auch eingemacht.

Bloß schlecht war mit ihre Kaldaunen,
Die paßden im Toppche nich rein,
Drum nahm er e großes Messer
Und schnippseld ihnen klein.
Denn kochd er sich e Suppche
Und dachd, das is ja Dreck,
Doch nach diwärse Stunden,
Da war es Kuddelfleck.

(Mel.: Waldeslust)

Kuddelfle-he-heck, Kuddelfle-he-heck
Gab zu Haus an jede Eck,
Drei Dittche auße Fupp,
Schon haddst Kaldaunensupp.
Denn einem vore Brust,
War das e Lust!

(Mel.: Gold und Silber lieb ich sehr)

Wenn es richtig schmecken soll,
Brauchst Gewirz zum Kochen,
Zwiebel, Lorbeer, Sellerie
Und drei scheene Knochen.
Weil es orndlich burbeln tut,
Stell e Biegeleisen
Oben rauf, sonst tut de Fleck
Noch mit dir verreisen.
Oben rauf, sonst tut de Fleck
Noch mit dir verreisen.

Kochen läßt es butterweich,
Nich emmend bloß weichlich,
Denn haust orndlich Meiran rein,
Nich e Tutche, sondern reichlich,
Denn haust orndlich Meiran rein,
Nich e Tutche, sondern reichlich,

Nu bringst heiß se aufem Tisch,
Fleck darf nich vom Eis sein,
Wenn dir auch das Maul verbriehst,
Is egal, de Fleck muß heiß sein.
Wenn dir auch das Maul verbriehst,
Is egal, de Fleck muß heiß sein.

(Mel.: Schön ist die Jugend)

E Klacks'che Mostrich ran, e bißche Essig,
Gut umgeriehrt, und denn foorts ran am Speck,
Dem sauren Klops, de Spirgel und de Keilchen,
Die laß ich stehen fier e Schalche Fleck.
Se schorrt so samft im Bauch,
Und wärmen tut se auch,
Nuscht geht warraftig ieber unsre Fleck.

(Mel.: Guter Mond, du gehst so stille)

Hast dir denn dem Trichel vollgeschlagen,
Daß es scheen sich setzen tut,
Kannst beim Picheln allerhand vertragen,
Und e Kornus drauf is gut.
Aber einer,
Das ist keiner,
E großer besser wie e kleiner,
Hast dir erst dem Trichel vollgeschlagen,
Kipp dir orndlich einem untrem Hut!

(Mel.: Ich hab mein Herz in Heidelberg verloren)

Drum schöpf mir schnell e Schalche voll Kaldaunen,
Voll unsre scheene Rinderfleck.
Und meegen auch de andre Leite staunen,
E Schalche Fleck, denn sind wir erst auf Deck.
De Fleck vertreibt de Sorgen und de Launen,
Und ohne Fleck hat alles keinem Zweck,
Drum schöpf mir schnell e Schalche voll Kaldaunen,
Und prost auf unsre Kuddelfleck!

(Mel.: Ein Prosit)

Ein Prosit, ein Prosit
De Kuddelfleck!
Ein Prosit, ein Prosit
De Kuddelfleck!

Strand-Idyll

Loebels Lottche, Faltins Franz
Fahren sonntags raus nach Cranz,
Weil es billig und nich weit is
Und der Strand da auch scheen breit is,
Wo der Sand in Humpels wächst
Und aus eins, rein wie behext,
Immer inne Wuschen glutscht,
Wo bekloppt wird und gebutscht,
Wo de Menschen von die nassen
Fluten sich beplimpern lassen,
Mittes salz'ge Wasser gurgeln
Und mit ihre Flochten sturgeln,
Daß de Fischchens, wo da stecken,
Aufem Tod sich rein verschrecken,
Und de Flundern, auch de dicken,
Vonnes Schlachtfeld sich verdricken.
Pfundweis schwimmen aufe Wellen
Alle Sorten Körperstellen.
Lustig zappeln da de Waden,
Spliddrig wie e Baumwollfaden,
Oder dick und rund und hart
Wie e Bierflasch aus Ponarth.
In die Glatzen, ratzekahl,
Wo im warmen Sonnenstrahl
Blänkern mang die Wasserhiegeln,
Können sich de Stinte spiegeln.
Kiewig wie e Akrobat
Zieht de Frau Verwaltungsrat

Ruckweis dulksend ihre Bahn,
Rangeklemmt am Gummischwan
Wie e Deckel am Kartong.
Längs e Rippen suppt Bulljong
Von das Peerzen und Zerrackern,
Daß de Karmenaden schlackern.
Mittem aufgepusten Ball,
Wo nu Mod is ieberall,
Hoppsen mang die flache Stellens
Zodderkoppsche Stadtmergellens.
Hintres Huschche, halb im Diestern,
Wo de Heemskes rummerbiestern,
Wo „er" „ihr" hat hingezoddert,
Wird sich an- und ausgekoddert.
Wie e Huhnche nachem Garten,
Wie e Hund nach Spirgelschwarten
Einer durchem Kicker gielt,
Wo nach runde Stellen zielt.
Von die Hitze halb bedammelt,
Daß de Tuntel runterbammelt,
Schurgelt rum der Aufsichtsmann.
Wenn er wem bedricken kann,
Tut er wegne Schreiberei
Foorts besuckeln seinem Blei.
So is alles scheen und gut,
Was am Strand passieren tut.
Schelwert runter auch das Fell,
Wächst dir foorts e frische Pell.
Bei das Kratzen inne Nacht
Hast kein Auge zugemacht?

Was is denn schon, na herrjeh!?
Das geheert zu Strand und See,
Liebes Lottche, lieber Franz,
Dafier wart ihr auch in Cranz!

Anne Fischbrick

Denk ich zurick an Königsberg,
Am Haff, am Seekanal,
Denn fällt mir foorts de Fischbrick ein
Mit Flunder, Stint und Aal.

De Fischbrick, da, wo sießer Duft
Dir inne Tuntel kroch,
Wo öfter es nach Modder stank,
Weil meist der Pregel roch.

Nach Seif und Puder roch es nich
Wie inne Droscherie,
Drei Tage spierd de Nas es noch
Zu Haus in dein Loschie.

De Ohren kriegden meistens auch
Was mit von dem Betrieb,
Denn da gab Dunst, daß rein vor Schrei
De Uhr dir stehen blieb.

Wenn ein Madamche, oft mit Recht,
De Fisch begnabbeln tat,
Denn hoppsd de Fischfrau vons Tablett
Denn platzd se auße Naht.

„Was, meine Aale riechen schlecht
Und sind auch viel zu klein?
Vleicht zieh ich mitte Flasch se auf
Und parfemier se ein!

Du gurgelst wohl mit Buttermilch
Und lebst auf Ausgeding,
Du Klammersacksche vonne Loms,
Du grieses Stintgeschling.

Nu kick die alte Ofenkrick,
Die kommt hier einfach ran.
Hat knapp drei Dittche inne Fupp
Und rotzt de Fisch mir an!

Zu Haus da frißt se Kurrendreck
Und suckelt anne Pfot,
Hier gibt se an, nei, sowas lebt,
Und Joethe der ging dot!

Nu hau bloß ab, sonst baller ich
Mit diese dodge Ratz
Und mitte Handvoll Stänkerstint
Dir einem vorem Latz!“ –

Die Frauens vonne Fischbrick, ja,
Die konnden was besehn,
Und wer die inne Finger kam,
Mußd inne Kniee gehn.

Und doch, auch das geheerd dazu,
Das sag ich frei heraus,
Denn wo der Pregel moddern tat,
Da waren wir zu Haus.

So oft denk ich an Königsberg,
Am Haff, am Seekanal,
Denn immer riecht de Fischbrick noch
Nach Flunder, Stint und Aal!

Gespräch in Masuren

Für diese Szene werden zwei gebürtige Masuren gebraucht, die im Ausdruck und Tonfall die etwas harte Sprache ihrer engsten Heimat beherrschen. Sehr langsam und bedächtig sprechen! Ernst und Karl sitzen am Tisch, eine Flasche Korn und zwei Gläser vor sich, rauchen ihr Pfeifchen, trinken immer wieder einen Schnaps und unterhalten sich:

Ernst: Was ich noch sagen wollte, – willst du verdienen zehn Mark?

Karl: Verdienen zehn Mark?

Ernst: Verdienen zehn Mark! Mußt du nur bringen Pferd über Grenze.

Karl: Pferd über Grenze?

Ernst: Pferd über Grenze, – über grüne Grenze.

Karl: Über grüne Grenze? Und auf andere Seite?

Ernst: Auf andere Seite? Verkaufen!

Karl: Verkaufen? Und was wird kosten?

Ernst: Was wird kosten? – Sechs Wochen wird kosten, vielleicht auch acht.

Karl: Vielleicht auch acht? Ich meine, was wird Pferd kosten?

Ernst: Pferd kosten? Vielleicht zweihundert Mark.

Karl: Zweihundert Mark? Und wer wird kriegen Geld?

Ernst: Geld? Natierlich ich!

Karl: Du? Aber *ich* bringen über Grenze!

Ernst: Aber ich haben Idee! Und überall wird bezahlt Idee, und nicht Transport.

Karl: Nicht Transport? Aber ich haben Risiko!

Ernst: Risiko? Du Risiko?! *Ich* haben Risiko, pscherunje, daß du gehst stiften mit meine Pinunse oder läßt dir greifen.

Karl: Läßt dir greifen – – sechs Wochen, vielleicht auch acht! Pschakrew! – – Und wo ist Pferd?

Ernst: Wo ist Pferd? Mußt du holen von Wiese von Dorka.

Karl: Von Wiese von Dorka? Stehlen?

Ernst: Nicht stehlen! Besorgen! Hat drei Pferde und braucht nur zwei.

Karl: Braucht nur zwei? Hat er gesagt?

Ernst: Hat er gesagt – – Nichts gesagt! Kann ich mir aus-rechnen mit eine Deichsel.

Karl: Aber Dorka wird merken!

Ernst: Wird merken? Schisko jedno, Hauptsache, Pferd ist weg.

Karl: Und wenn Polizei kriegt raus?

Ernst: Wenn kriegt raus? Mußt du sagen, pscherunje, Pferd ist dir nachgelaufen.

Karl: Nachgelaufen! – – Gut, gut, sehr gut! – – Nein, nicht gut, wird Polizei nicht glauben.

Ernst: Braucht nicht glauben, Hauptsache, Pferd ist über Grenze.

Karl: Über Grenze! Nein, nicht stehlen für zehn Mark. Ich bin ehrlicher Mann. Ehrlich währt am längsten.

Ernst: Währt am längsten? Du bist abergläubisch. Dummes Sprichwort, pschakrew. Bringt nichts ein. Wirst du zugrunde richten deine ganze Familie mit deine Ehrlichkeit.

Karl: Meine ganze Familie? Ich nicht haben Familie.

Ernst: Du nicht haben? Mußt du anschaffen Familie.

Karl: Warum muß ich anschaffen Familie?

Ernst: Warum du mußt anschaffen? Daß du kannst zugrunde richten.

Karl: Du hast kein Gewissen. Willst mich bringen auf schiefe Bahn für zehn Mark. – Zu wenig! Vielleicht für *hundert* – – –

Ernst: Für hundert? Und meine Idee? Du bist schlechter Mensch. Erst Pferd stehlen, dann über grüne Grenze und dann noch erpressen!

Karl: Erpressen? Du zu Hause, und mich fängt ein Polizei! Nein, ich niemals stehlen.

Ernst: Dann mußt du warten.

Karl: Warten? Auf was warten?

Ernst: Auf was warten? Bis ich werde haben Pferd.

Karl: Du wirst haben Pferd? Wann wirst du haben
Pferd?

Ernst: Wann ich werde haben Pferd? – – Später!

Karl: Später? Wann ist später?

Ernst: Später ist später, vielleicht auch gar nicht.

Karl: Vielleicht auch gar nicht? Und wie soll ich bringen
Pferd über Grenze, wenn du vielleicht gar nicht
wirst haben Pferd?

Ernst: Deine Schuld! Warum holst du nicht von Wiese
von Dorka?

Karl: Von Wiese? – – Ist zu gefährlich! – – Nachgelaufen, nachgelaufen! – Nein, geht nicht. Vielleicht wirst du niemals Pferd haben, hast du gesagt. Aber warum sprichst du dann mit mir über
Grenze?

Ernst: Will ich dir erklären. Mein Vater sagte,
als er starb, – –

Karl: Als er starb?

Ernst: Als er noch lebte, pschakrew!

Karl: Als er noch lebte? Ich denke, als er starb.

Ernst: Als er lebte, als er starb!! Erst starb er und dann
sagte er – nein, erst lebte er und dann starb er, und

dann sagte er – – Pscherunje, bringst mir ganz durcheinander mit deine Dummheit!

Karl: Meine Dummheit? Deshalb über Grenze für zehn Mark! Und von Wiese von Dorka! – Bei mir nicht! – – Aber was sagte dein Vater, als er gestorben war?

Ernst: Als er gestorben war!! – Als er lebte! – – Mein Sohn, sagte er, alles, was du im Leben tust, mußt du lange und sorgfältig vorbereiten.

Karl: Hat er gesagt? Als er starb?

Ernst: Hat er gesagt.

Karl: Hat er gesagt? Nun werde ich was sagen! Nicht von Wiese und nicht warten, bis du wirst haben Pferd vielleicht niemals. Ich werde Pferd kaufen.

Ernst: Du wirst Pferd kaufen?

Karl: Ich werde kaufen, – – billiges Pferd, kostet nur dreißig Mark.

Ernst: Ganzes Pferd für dreißig Mark?

Karl: Für dreißig Mark, – hat aber nur ein Auge.

Ernst: Nur ein Auge? Schisko jedno! Pferd kann pflügen auch mit einem Auge.

Karl: Hat aber noch einen Fehler.

Ernst: Noch einen Fehler?

Karl: Noch einen Fehler! Pferd hat keinen Schwanz.

Ernst: Keinen Schwanz?

Karl: Keinen Schwanz. Ist abgerissen aus Versehen.

Ernst: Abgerissen – – pschakrew! Ach was, Pferd braucht keinen Schwanz, wenn ist so billig.

Karl: Braucht keinen Schwanz? Aber wer wird Fliegen wegjagen?

Ernst: Fliegen wegjagen? Was geht mich an Fliegen! Muß einer laufen nebenbei mit Staubwedel.

Karl: Mit Staubwedel! Gute Beschäftigung für dich. Ist Zeit, daß du auch einmal etwas arbeitest.

Ernst: Arbeitest? Hast recht, ich kaufen Pferd mit ein Auge und ohne Schwanz. Wann kannst du bringen?

Karl: Bringen? In eine Stunde! Aber du mußt Wort halten.

Ernst: (Handschlag). Abgemacht! Für dreißig Mark!

Karl: Abgemacht! Gieß ein auf das Geschäft.

Ernst: Nun bringe gleich Pferd.

Karl: Gut! Nur noch eine Kleinigkeit mußt du wissen.

Ernst: Kleinigkeit? Vielleicht kostet vierzig?

Karl: Nein, kostet dreißig! Ist aber Schaukelpferd!

Schniefke

Der Tobback is e dolles Kraut,
Er wird als Preemke gern gekaut,
Auch wenn er noch so graurig schmeckt,
Als Schniefke inne Nas gesteckt,
Das is e scheener, alter Brauch,
Na ja, und rauchen kannst ihm auch.

Doch jetz will ich beim Schniefke bleiben
Und ihm, wie sich geheert, beschreiben.
Vom Daumennagel, vonne Hand
Ziehst du voll Andacht und Verstand
Mit lautem Schniffeln oder leise
Ihm hoch mang deinem Riechgehäuse.
Knapp is er oben eingetroffen,
Denn steht dir auch das Maul all offen,
Weil es so kribbelt, und vor Schreck
Bleibt foorts de ganze Luft dir weg.
Als wenn de Flöhe und de Wanzen
Mit dausend Heemskes Polka tanzen,
So kitzelt es in deine Niestern,
Und, ob im Hellen, ob im Diestern,
Auch wenn de andre Leite lachen,
Du kannst rein nuscht dagegen machen
Wie lauern, wenn es auch nich leicht is,
Bis e bestimmter Punkt erreicht is.
Jetz setzst du an, – doch es verpufft,
Mit Anlauf holst du noch mal Luft
Und machst zum Prusten dir bereit,

74

Denn endlich, endlich is so weit:
Es juckt und prickelt wie noch nie
Und denn geht los: Hapschie! Hapschie!

So mußt du noch e paarmal prusten,
Denn kannst du endlich dir verpusten. –
Doch eines muß ich noch erwähnen:
Wenn dir nu auch de Augen tränen,
Wenn auch verruschelt is das Haar,
Du merkst sofort, der Kopp is klar,
Es lacht das Herz, de Tuntel glieht,
Und Friede zieht in dein Gemiet. – –

Probier es mal, du wirst ja sehn!
Drum: Prost! Gesundheit! Danke scheen!

Der alte Lipp

Nu is wieder Herbst, und zu Haus im Garten hängen wieder de reife Pflaumen und de Spillen und de Krekeln, de Grauchen und de Honigbirnen! Vleicht hängen se jetz auch nich mehr, aber damals hingen se. Und im Gebisch de daumendicke Brombeeren, wo dir de Bixen und de Hände zerreißen konndst, und im Wald de Pilzchens und de Blaubeeren! Im Oktober wurden denn Kartoffel gegraben. Frieh morgens ging es los, meist war es so kalt, daß einem de Hände verklamden. Um zehn wurd denn Kleinmittag aufes Feld gebracht, belegtes Brot und heißer Kaffee, und denn wurd langsam wärmer. Abends wurden denn de Säcke mit die große blanke Litauer aufem Wagen gewuchtet, und aller spierden im Kreiz, daß se was getan hädden. Was war das scheen, wenn de Kartoffel im Keller geschitt wurden und längs em Holzrost runterkullerden, daß es man so bullerd. Ei denn die Rieben und die Bruken, so groß, daß beide Hände nicht reichden. Und dazu ein Wetterche, daß einem orndlich warm wurd untre West. Besonders scheen war immer das Honigschleidern und das Schmengern mittem Finger. Ja, unsre Bienchens waren fleißig und fanden ja auch ieberall genug zum Suckeln. Nachdem suckelden wir, und zwar dem sießen Bärenfang. Sagt mir nuscht gegnem ostpreißischen Herbst, er war wirklich scheen.

Um die Zeit fand sich auch immer der alte Lipp bei uns ein. Eigentlich hieß er Gottlieb Sbassek. Er war Wenktiener und wohnd postlagernd. Frieher, wie er noch jinger war, hädd er mit Meisefallen gehandelt, denn heerd er damit auf und wenktienerd durche Gegend rum. De Ärmel und de Kniee waren geflickt, auße Rocktasch kickd immer e kleine Buddel raus, und inne Hosenfupp hädd er e Schniefkedos. Kein Mensch wußd, wovon er eigentlich lebd. Betteln tat er nich, weil er Angst hädd vorem Schandar. Aber er kriegd ieberall was zu essen und zu trinken, und in seinem Kreppsch, wo ihm iebre Schulter hing, hädd er immer Speck und Brot.

Er war beriehmt und beliebt inne ganze Gegend. Einmal hädd er einem kleinen Jung, wo bald versoffen war, außem Teich rausgeholt, und einmal hädd er nachts dem Besitzer Pasenau rausgekloppt, weil de Schein anfing zu brennen. Dem Pasenau sein großer Tyras hädd ihm bei die

76

Gelegenheit de Bixen zerrissen und e Stickche vonnes Hintervirtel abgegnagt. Aber er heerd nich auf mit Kloppen und Bullern, bis der Pasenau wach wurd und das Feier gelöscht werden konnd. Und der alte Lipp hat mit seine entzweine Hinterfront Wasser geschleppt, daß sogar dem Tyras leid tat, weil er ihm gebissen hädd. Deshalb hat er sich mit Händelecken bei ihm entschuldigt, und von Stund an waren se gute Freinde. Wie er aber mal e Portmanneeh mit achtzig Mark fand und beim Gemeindeverstand abgab, da haben se ihm im Krug aufe Schultern gehoben und ihm soviel Kornus eingeschitt, daß er drei Tag inne Schein schlafen mißd, bis er wieder zu sich kam. Sehn Se, das war der alte Lipp.

Aber einmal ging ihm schlecht. Es wurd langsam Herbst, die Zeit also, wo er regelmäßig bei uns auftauchd. E scheener, warmer Tag. De Sonnche prickeld, als wenn se noch mal Sommer machen wolld, und der alte Lipp kam dem Sandweg am alten Kirchhof vorbei aufes Dorf zugestampft wie de Luckmotiew vonne Kraupischker Kleinbahn. Mittem Ärmel wischd er sich dem Schwitz vonne Stirn und war froh, wie er endlich in Lehrersch Garten hinterm Schweinestall e bißche Schatten fand. Er war ja nu auch nich mehr der Jingste. Wie alt er wirklich war, wußd er wohl selbst nich. Aber er hädd es all e paar Jahre mittes Kölstern, und aufe Brust garrd es ihm immer, wenn er pusten tat. So haud er sich hin innes weiche Gras und war bald eingeschlafen.

Nu hädd aber der Lehrer so an die fuffzig Bienenvölker, und weil de Sonnche so scheen warm schien, hädden die beschlossen, einem Betriebsausflug zu machen. So kamen se auch in die Gegend, wo der alte Lipp unterm Holzäppelbaum schlief, daß ein Aug nich das andre sah. Vleicht wolldden sie dem Schniefke suchen, jedenfalls krochen se ihm, unternehmungslustig wie se waren, von unten inne Bixen rein. Erst man fimf oder sechs, aber denn immer mehr, bis se zuletzt de ganze Bixen besetzt hädden. Solang wie er ruhig lag, taten se ihm nuscht. Aber wie er sich mit eins aufe andre Seit drehd, da kriegden se Angst und fingen an, ihm zu stechen. Erst man zwei oder drei, aber denn immer mehr, daß er wach wurd und nu erst merkd, was ihm passiert war. De ganze Bixen hädd er voll aufgeregte Bienen, und die buggerden ihm von alle Seiten inne Schinken und inne Karmenad, daß er dachd, er missd vor Schmerz beschwiemen. Da zodderd er sich geistesgegenwärtig de Bixen vonne Beine und sockd mit Gebrill durchem Garten. Und das Unglick wolld es, daß Lehrersch Rosa gerad umme Eck bog, de Peed mit zwei volle Eimers aufe Schultern, denn se hädd geradzig Wasser vonne Plump geholt. Die sieht dem Lipp mit ohne Bixen, denkt, er is verrickt geworden, schreit laut auf und läßt vor Schreck de Peed fallen. Er an ihr vorbei aufem Hof rauf, und da passiert das zweite Unglick. De Frau Lehrer hädd gerad im Hiehnerstall Eier gesucht und kommt nu auf dem Schrei vonne Rosa rausgestirzt. Da wird se auch all vom Lipp, weil er nich mehr bremsen kann, umgerannt, und nu wälzen se sich alle drei aufe Erd: Der Lipp ohne Bixen, de Frau Lehrer und die zwölf Eier, wo se inne Schissel hädd! Und indem daß de Frau Lehrer, von oben bis unten mit Eier bekleckert, nu auch losbrillt wie am Spieß, springt der Lipp auf und hoppst inne volle Regentonn rein, teils weil er sich vor die Frauensleit schenierd und Deckung suchd, teils aber auch, weil er Kiehlung gegne Bienen brauchd. Der Tyras, wo geradzig auf Lehrersch Hof Knochen sucht, ihm nach, stellt sich mitte Vorderpfoten aufem Rand vonne Tonn und bellt, daß er vor Aufregung sogar de lebenslängliche Freindschaft vergißt. Das Gebell und Gebrill macht nu auch noch de Kinder inne Schul wild. Se lassen dem Einmaleins und de Fibeln liegen und rennen raus aufem Hof, der Herr Lehrer hinterher, wo sich de Frau Lehrer gerad außem Eierkuchen erhebt und de naßgeschwaukste Rosa mit angeklatschte Röcke sich das rechte Schienbein hält, wo de Peed ihr gegengeschlagen hädd. Auße Regentonn kickt dem Lipp sein Kopp raus, und er wuit und wimmert, vom Schmerz gepeinigt, denn er hädd so zwanzig, dreißig Stiche gekriegt. Armer Lipp!

Irgendwie is es denn aber doch alles wieder gut geworden. De Kinder mißden zerick inne Klass, der Tyras wurd weggeschickt, der Lipp kroch auße Tonn raus und kriegd e Paar abgelegte Bixen vom Herr Lehrer iebergezogen, de Frau Lehrer hat sich von das Riehrei bereinigt, und de Rosa hat ihr Schienbein mit essigsaure Tonerd gekiehlt. Dem Lipp seine Beine sind denn orndlich angeschwollen, daß er sich innes Bett legen mißd und sogar Fieber kriegd. Erst wolld er gar nich rein innes Bett, weil es so weiß war. Denn wurd buntkariert bezogen, und denn kroch er doch rein, kriegd zu essen und zu trinken, de Schniefkedos hingestellt, und denn konnd er seinem von die Bienen unterbrochenem Schlaf fortsetzen. Aber von die Zeit an ging er jedes Bienche weit außem Weg, und wenn irgendwo e Flieg burren tat, denn kickd er sich immer ganz ängstlich um, ob es nich womeeglich e Bienche is.

Noch e Rumche

Dem besten Grog gab zu Haus beim Karbau in Willenberg, der war weit und breit beriehmt. Sehr gutem Rum, und so steif, daß der Löffel drin stand. Und wem trotzdem noch zu schwach war, der konnd Rumche nachfodern, denn an dem Grogche wolld der Karbau nuscht verdienen, das war seine Reklame. Da huckd bei ihm mal e Reisender aus Allenstein, sein Tulpche vor e Nas, und wie er dem ersten Schlubberche nimmt, kriegt er dem Ober am Scheeßke zu fassen, wo gerad vorbeirennt, und sagt: „Oberche, noch e Rumche!" Er kriegt e Glas Rum, gießt ein, trinkt. „Oberche, noch e Rumche!" Noch emal kriegt er e Glas und noch emal winkt er: „Oberche, noch e Rumche!" Denn is er endlich zufrieden, kippt dem Grogche hinterm Schlips und bestellt sich noch e Tulpche, wo der Wirt nu aber gleich richtig mischt: Zweidrittel heißem Rum und ein Drittel heiß Wasser. Aber auch das geniegt ihm nich, und der Ober muß wieder dreimal „noch e Rumche" bringen. Das ärgert dem Wirt ganz aasig, und wie der Gast nu das dritte Tulpche bestellt, kriegt er reinem, heißem Rum und nich ein Tropfche Wasser drin. Er probiert e Schluckche und winkt: „Oberche, noch e Rumche!" Da platzt dem Karbau endlich aber doch der Kragen: „Mein Grog is so gut, daß Sie all beim ersten Glas keine Verstärkung brauchden. Im zweiten Glas war doppelt so viel Rum wie Wasser drin, und im dritten Glas haben Sie reinem, purem Rum gekriegt. Nu is Ihnen der Grog immer noch zu schwach?" Da meint der Gast ganz erstaunt: „Aber, Mannche, wer sagt was von zu schwach? Zu heiß is er bloß!"

Lob der Heimat

Du schöne Heimat, mein Ostpreußenland,
Wie arm ist ein Mensch, der dich nicht hat gekannt!
Das blanke Vieh und die wogenden Felder,
Die wandernden Dünen, die träumenden Wälder,
Die Schlösser und Burgen, den Bernsteinstrand,
Die tausend Seen im Masurenland,
Die Haffe, die Elche – ich muß es gestehn:
Wer das nicht gesehn hat, hat gar nuscht gesehn!

Wie gut wurd' bei uns doch gekocht und gebraten!
Drum sind wir auch aller so kräftig geraten.
Meist zweimal im Jahr wurd e Kuigel geschlacht
Und Bauchstick und Rauchwurst und Silz gemacht.
Es gab Marzepan und Glums mit Schmand
Und Fleck und Klops und noch sonst allerhand,
Daß einer drei Tag' noch de Lippen sich leckt,
Wer das nich geschmeckt hat, hat gar nuscht
    geschmeckt!

Wir aßen meist langsam und tranken meist schnell
Schönbuscher dunkel, Ponarther hell,
Und zwischendurch, schnell abzubeißen,
Als Magenwärmer e großem Weißen,
E Tulpche Grog und als letztem Gang
Noch Nikolaschka und Bärenfang.
So haben wir alle Gebrechen kuriert,
Wer das nich probiert hat, hat gar nuscht probiert!

Ei unsre Mergellens erst! Stramm und rund,
E bißche drugglig und kerngesund
Und gut gewachsen, groß, gerad,
Und sieß wie Honig und Muschkebad.
O ja, wie glicklich is doch e Mann,
Wo so e Frauche erobern kann,
Denn unsre Mergellchens, daß ihr es man wißt,
Wer die nich gekißt hat, hat gar nich gekißt!

Der Herzog von Komorren

Er war nich Herzog, sondern hieß bloß so. Und Komorren
finden Se auch auf keine Landkart nich. Er war e greeße-
rer Besitzer, fleißig und orndlich, aber manchmal e bißche
drollig, und immer hädd er Speränzchens im Kopp. Einem
Morgen kriegd er e Briefche vonnes Fäjangsamt, vonnes
„Institut fier Christenverfolgung", wie er diese Beheerde
immer tittelieren tat: „Da Sie viele Hühner halten, ersu-
chen wir um Mitteilung, ob Sie den Gewinn aus dem Ver-

kauf der Eier bei der Einkommensteuer-Erklärung für das vorige Jahr mit angegeben haben. Im anderen Falle müßten Sie das umgehend nachholen."

Darauf huckd er sich hin und schrieb zurick: „Das hab ich nich angegeben, denn ich bin e bescheidener Mann und kein Angeber, wo sich bei jede Gelegenheit seine Verdienste riehmt. Aber wenn ich nu dafier noch Steier bezahlen soll, denn schneid ich meine Hiehner de Gurgel durch und steck ihnen im Kochtopp. Denn soll das Finanzamt selbst Eier legen. Bevor ich es aber dazu kommen laß, werd ich mir erst beim Misterium in Berlin perseenlich befragen. Solang missen sich nu noch gedulden." Denn ging er aufes Feld, kam aber all nachmittag ziemlich frieh zurick und sagd zu seine Frau: „Gieb mir e neies Hemd, ich fahr heite abend nach Berlin beim Herr Mistrat im Misterium... ja, ja ich weiß all: Mistralrat! Und denn nimmst e altem Schuhkartong und packst mir e Mandel frische Eier ein, zum Bestechen. Fier mich giebst e paar gekochte Eier mit und e paar orndliche Enden Rauchwurst, de Nacht is lang."

Da meind de Frau, er soll doch erst dem andern Morgen fahren, aber davon wolld er nuscht wissen, weil er denn in Berlin zweimal Loschie bezahlen mißd. Das konnd er sich besparen. Auch e andrem Anzug wolld er nich anziehen, denn: „Kleider machen nich Leite, sondern verderben dem Karakter", meind er. „Untre griene Jopp schlägt meistens e ehrliches Herz, aber im Frack stecken oft de greeßte Halunken." Die alte Stiefel vonnes Feld mißd er sowieso anbehalten, denn er hädd am rechten kleinen Zeh e großes, hartes Hiehneraug. Das hädd mit die Zeit das Leder so ausgebeilt, daß es gut reinpaßd. In jedem andern Stiefel tat es ganz aasig dricken, daß er kaum gehen konnd. Andre Bixen anzuziehen, war ihm zu umständlich. „Unten sieht mir doch keiner, wenn ich im Misterium am Tisch huck."

So zog er bloß e neies Hemd an und dem sonntagschen Rock rieber. Denn nahm er seinem Kartong – „e Koffer sieht immer so vornehm aus. Da kann einer leicht ieberfallen werden" – setzd sich de alte, blaue Mitz auf und ließ sich aufe Bahn fahren.

Morgens frieh um sieben kam er aufem Bahnhof Friedrichstraß an und ging gleich iebre Linden im Ministerium. Der Portjeeh kickd ihm mißtrauisch vonne Seit an. Weil er seinem Kartongsche so vorsichtig mit beide Hände trug, dachd er nämlich, da is emmend e Bomb drin. Vier Wochen vorher hädd nämlich einer am Schloß e Bomb geschmissen, und nu war in alle Beheerden besondre Vorsicht befohlen. Und wie er nu noch sagd, daß er dem Herrn Mistrat Grabowski perseenlich sprechen wolld, da fing der Portjeeh inwändig an zu zittern. De Hauptsach war nu, Zeit gewinnen und de Pollezei ranholen.

„Der Herr Ministerialrat is noch jar nich da, der kommt erst jejen neun Uhr", sagd er, und das stimmd sogar. Dadrauf der Herzog: „Das is hier ja e scheene Wirtschaft! Wenn die hohe Herrens im Bett liegen, bis ihnen de Sonn im Dups scheint, kann es ja auch nuscht werden mittes Regieren!"

„Aha", dachd der Portjeeh, „jetzt hat er sich verraten! Der is gegne Regierung und gegnem Kaiser. Wahrscheinlich e Anarchist oder e Nihilist, auf alle Fälle sehr gefährlich. Nu sich bloß nuscht merken lassen, daß er nich mißtrauisch wird!"

84

„Ich huck mir hier aufem Stuhl und werd warten, bis der Herr Mistrat kommt", sagd nu der Herzog. Der „Mistrat" ärgerd dem Portjeeh nich zu knapp, aber er durfd ihm ja nich reizen, sonst schmiß er ihm seine Bomb womeeglich gegnem Bauch, und denn war nuscht mehr mit dem ruhigen Lebensabend und mit die wohlverdiente Pängsjohn. Deshalb lächeld er leitselig: „Ha, ha, – Mistrat!... juter Witz!"

Da sprang der Herzog auf, daß ihm bald der Kartong aufe Erd fiel: „Guter Witz, sagden Se? Se werden schon noch frieh genug erfahren, daß mit mir nich zu spaßen is. Sone Bemerkungen lassen Se man gefälligst unterwegens!"

Nu war alles klar Der Kerl wurd aufsässig und fing an zu drohen. Genau so hädd der Portjeeh sich immer einem Bomben-Attentäter vorgestellt. Wenn ihm bloß nich der Kartong unverhofft auße Finger rutschd, ehr daß de Pollezei kam. Aber denn wolld er auftrumpfen! Im Stillens sah er sich all beim Herr Minister, wie der ihm de Hand drickd und ihm loben tat wegen seine Kaltblietigkeit und Geistesgegenwart. Und weil er das Attentat verhindert hadd, kriegd er vleicht jetz all dem Adlerorden und brauchd nich bis zu seine Pängsionierung dadrauf zu lauern. Vorleifig duckd er sich aber erst hinterm Schalter, daß bloß de Spitznas zu sehen war.

Da fing der Herzog an zu lachen: „Komische Leite seid ihr hier! Draußen brillt Ihr eich beim Sedangsfest de Lung außem Hals von Tapferkeit und Mannesmut, und hier kriecht ihr unterm Papierkorb, wenn eich bloß einer e bißche anbrascht!" In dem Momang kam e Pollezist rein, e richtger Blauer mit e Pickelhaub aufem Dassel. Der hädd mit einem Blick de Situatzjohn begriffen. Dazu geheerd auch nich viel, denn der Portjeeh war vor Angst kreideweiß wie der Kalk anne Wand und plinkerd durches Schalterfenster mittem linken Aug dem Schandar an und mittem rechten Aug rieber zum Herzog.

Da ging das „Auge des Gesetzes" auf unserm Herzog los und fragd ihm kurz und barsch: „Was haben Sie in dem Kartong?" „Das geht Ihnen e Dreck an", meind der Herzog, „in dem Kartong kann ich haben, was ich will. Aber ich bin ja e gutmietges Luder. Stecken Se man erst Ihrem Schießeisen weg, denn wer ich es Ihnen sagen." Da freid sich der Portjeeh, daß er all klein wurd, und kam nu raus aus seine Kaburr, schmiß sich inne Brust und stelld sich neben dem Schandar in Posetuhr. Das mittem Mannesmut und mittem Papierkorb hädd ihm mächtig geärgert. Nu wolld er zeigen, daß er tapfer war, fier alle Fälle, sonst ging ihm womeeglich doch noch der Adlerorden anne Nas vorbei. Aber ihm flatterden dabei doch de Bixen, denn der Kerl konnd ja immer noch jedem Augenblick dem Kartong aufe Erd schmeißen.

Aber er tat es nich, sondern stelld ihm aufem Tisch und schnierd ihm auf. Neigierig kickden die beide zu. Und denn sagt er: „Die Eier will ich dem Herr Mistrat perseenlich iebergeben, wenn er mir gegnem Fäjangsamt hilft." „Ministerialrat heeßt det, und nicht Mistrat", sagd der Blaue, „und wat Sie vorhaben, ist eine jesetzwidrige Handlung, eine Beamtenbestechung. Wer sind Sie überhaupt?" Da reckd sich der Herzog inne Höh und sagd so richtig von oben runter mit alle Zeichen der Ieberlegenheit: „Ich bin der Herzog von Komorren!" Aber de Wirkung war ganz anders, als wie er es erwartet hädd. Der Schandar tippd sich mittem Finger am Kopp, ging am Telefong und rief dem Unfallwagen an. Auch der Portjeeh war nu fest davon ieberzeigt, daß se es mit einem Verrickten zu tun hädden.

Bis der Herzog nu richtig begriff, was se mit ihm vorhädden, kamen auch all zwei Kerdels mit e Tragbahr rein, und ob er wolld oder nich, wenn nich im Gutens, denn im Beesens, drickden se ihm runter und schnallden ihm fest. Er strampeld und wehrd sich, wie er konnd, aber se waren ihm ieber. Und zwischendurch sagd er immer wieder: „Lassen Se mich doch los! Ich bin wirklich der Herzog von Komorren." „Eben deshalb!" sagden se.

Und wie se ihm denn endlich so weit hädden, daß se ihm raustragen konnden, kam der Herr Ministerialrat Grabowski durche andre Tier rein und fragd, was hier fier Spektakel gab. Da sagd der Portjeeh: „Nichts von Bedeutung, Herr Ministerialrat, ein schäbig angezogener Mann wollte Sie mit Eiern bestechen, und das habe ich verhindert. Er ist offensichtlich geisteskrank, denn er hält sich für den Herzog von Komorren!"

„Lassen Sie ihn hier und bringen Sie ihn zu mir ins Büro", sagd dadrauf der Herr Ministerialrat. „Der schäbige Geisteskranke ist nämlich mein Schwager!" Da fiel dem Portjeeh das Kinn aufe Brust, und der Adlerorden war auch wieder im Eimer.

In welchem Jahr?

Er: Sag mal, wenn hat de Idche Schinz sich eigentlich verheirat?

Sie: Na im Herbst, wie se de Kartoffel raushädden. Frieher war doch nich Zeit.

Er: Kartoffel hin, Kartoffel her, ich will doch wissen, in welchem Jahr de Hochzeit war.

Sie: In welchem Jahr? Na wie de Tante Berta starb.

Er: Wenn starb denn de Tante Berta?

Sie: Wenn die starb? Vleicht so vier Wochen später, wie es bei Willuhns gebrannt hadd.

Er: Und wenn war das Feier bei Willuhns?

Sie: Das Feier? Im Sommer, wie se aller aufes Feld waren und nich schnell genug löschen konnden.

Er: So kommen wir nich weiter.

Sie: Ja, ich merk auch, du bist schwer von Begriff.

Er: Nu sei doch mal vernimftig und ieberleg ganz ruhig. War das nich 1928?

Sie: Ich bin immer ruhig und vernimftig, und das war in dem Jahr, wo der Nachtwächter Grabowski sich das Bein brach.

Er: Ja, ja, aber wenn brach er sich das Bein?

Sie: Na wie er von Bartoleits Einsegnung kam. Er war doch besoffen wie e Ferkel.

Er: Wenn war denn de Einsegnung?

Sie: Na Palmsonntag.

Er: Es hat keinem Zweck nich, du bist zu umständlich.

Sie: Was bin ich? Umständlich? Wenn du auch immer dasselbe fragst!

Er: Gut! Nu frag ich was anderes. Wenn bist du geboren?

Sie: Am 12. Mai.

Er: In welchem Jahr?

Sie: In dem Jahr, wo mein Vater am Blinddarm operiert wurd.

Er: Wenn wurd er denn operiert?

Sie: Gleich nach Weihnachten.

Er: Ich geb es auf! – – –

Der Deiwel is los

Der Herr Pfarrer Stories aus Mallwischken war fromm und gottesfirchtig, wie es sich fierem Pfarrer geheert, aber er war sehr abergleibisch und predigd jedem Sonntag von Geister und Dämone, wo dem Verstand verwirren und die arme Menschen Unglick bringen, wenn se nich ganz fest sind im Glauben und in die Gottesfurcht. Ja, so predigd er! Und einem Morgen gegen Uhre vier bullert einer an seinem Schlafstubenfenster und reißt ihm außem scheensten Schlaf. Und wie er rauskickt, steht draußen der alte Glöckner Willnat, weiß wie der Kalk anne Wand, und brillt: „Herr Pfarrer, kommen Se schnell, der Deiwel is inne Kirch! Er hat die Altardecke runtergerissen und schmeißt alle Bänke um. Ich hab ihm schnell zugeriegelt und dem Schlissel stecken gelassen, daß er nich durchem Schlisselloch rauskann. Se missen ihm beschwören!"

Der Pfarrer schmeißt den Talar umme Schultern, setzt sein Barettche auf und nimmt dem Testament inne Hand. Denn gehn se los, vorne der Pfarrer, tapfer und zuversichtlich, hinten der Glöckner mit weiche Kniee. Vore Kirchentier wird e großes Talglicht angestochen, und denn beschwört der Pfarrer dem Deiwel: „Hebe dich weg von mir, Satan, denn du bist mir ärgerlich!" Und noch emal und noch emal soll der Deiwel sich wegheben, aber der kimmert sich dem Deiwel drum. Er ramort inne Kirch und saust von eine Eck inne andre, daß dem Willnat der Angstschweiß dem Puckel runterleift und der Pfarrer auch all langsam anfängt, an die Wirksamkeit von seine Beschwörung zu zweifeln.

„Es hilft nuscht, wir missen rein und ihm Auge in Auge gegeniebertreten", meint er zuletzt. Da dreht der Willnat dem Schlissel rum, und es knarrt orndlich, denn das Schloß is all ziemlich lang nich geölt. Denn reißt er seinem letzten bißche Mut zusammen und de Kirchentier auf. Erst kommt gar nuscht. Denn kommt e Windstoß und pust das Talglicht aus, und nu stehen se beide im Diestern. Und wie der Pfarrer nu dem Fuß aufe Schwell setzt, da kommt der Deiwel selbst rausgefegt mit Knurren und Brummen, rennt dem Pfarrer zwischne Beine, nimmt ihm rittlings aufem Puckel und peest mit ihm los nach die Hölle. Das Testament und das Barettche fallen im Dreck, und der Pfarrer schreit lauthals: „Satan, laß mich los! Ich bin der Pfarrer Stories aus Mallwischken!"

Wie das nuscht nitzt, versucht er, sich irgendwie festzuhalten, denn der Deiwel hat direkt e höllisches Tempo. Da kriegt er im Diestern dem Deiwel seinem Zagel zu fassen und fängt in seine Verzweiflung an, an dem Zagel zu drehen. Der Deiwel kreischt auf vor Schmerz, und der Pfarrer denkt gerad: „Nu missen wir wohl bald inne Milchstraß sein", da hat er mit eins dem ganzen Zagel inne Hand, und der Deiwel schmeißt ihm runter und rennt ohne Zagel und ohne Pfarrer weiter in die dunkle, stirmische Friehlingsnacht. Und der Glöckner Willnat hat später steif und fest behauptet, er hat Funken gesprieht und ganz aasig nach Schwefel gestunken.

Der Pfarrer war heilfroh, die Hölle entronnen zu sein, erhob sich keichend außem Friehlingsdreck und wankd nach die Pfarrei. Vom Willnat war um die Zeit nuscht mehr zu sehen. Er hädd sich zu Haus mit Kleider innes Bett geschmissen, sich untre Bettdeck verkrochen und weimerd in eine Tur: „Arme, fromme Gemeinde! Unserm guten Herr Pfarrer Stories hat der Deiwel geholt!"

Seine Altsche meind, er missd nu de Glocken läuten gehn, aber er wolld nich. „Das flitzt nu auch nuscht mehr", sagd er, „denn nu schmort er all, und keiner nich kann ihm helfen." Der Pfarrer aber war gar nich in die Hölle, sondern stand zitternd und durchgefroren vor seine Hausentier und konnd nich rein, denn seine Dienstmergell hädd sich vor Angst von innen zugeriegelt. Endlich machd se ihm auf, und er kickd ihr ganz ernst inne Augen, legd e Stickche schwarzem Zagel aufem Tisch und sagd feierlich: „Mir ist großes Heil widerfahren, denn ich habe den Teufel besiegt."

Und die Mergell lief durches ganze Dorf, klopfd alle Leite raus und brilld: „Der Deiwel is dot, der Deiwel is dot!" Dabei erzähld se ieberall auch noch schnell von dem schwarzen Zagel, wo der Herr Pfarrer mitgebracht hädd. Dauerd nich lang, da kam der Bauer Wischkories und sagd: „Also denn haben Sie meinem schwarzen Kuigel dem Zagel abgedreht, Herr Pfarrer! Jetzt steht er inne Bucht und stehnt und schobbt sich das Hinterteil anne Wand." Es gab denn noch viel Ärger mit dem „Deiwel".

Der Kuigel konnd zwar auch ohne Zagel weiterleben, bis se ihm verwursten taten, aber inne Kirch waren Bänke zerbrochen und alles mit Kuigeldreck versaut, und der Willnat mußd mit seine Frau und mit viel heiß Wasser drei Tage schrobben.

Aber trotz alle Reinigungsbemiehungen hield der Gestank sich noch ziemlich lange. Der Wischkories missd die zerbrochne Bänke bezahlen, weil er nich aufgepaßt hädd, wie sein Kuigel ausrickd. Dem abgedrehten Zagel dirfd er bloß mit eins fuffzig aufrechnen. Mehr war er nich wert, sagd der Pfarrer, und außerdem hädd er ihm zurückgekriegt und mit saurem Kumst gekocht.

Bei die nächste Predigt hat der Herr Pfarrer Stories seine Gemeinde ieber dem Kampf mit dem Satan ausfiehrlich berichtet: „Der Teufel nahet euch in jeder Gestalt. In vorliegendem Fall war er in den Kuigel vom Wischkories hineingefahren. Darum sage ich euch, seid wachsam und bekämpfet eure bösen Begierden, die euch der Satan eingibt." Ja, er war abergläubisch, aber er war e kluger Mann, der alte Herr Pfarrer Stories aus Mallwischken, und verstand es, sogar aus seinem Kuigelritt inne Friehlingsnacht noch e weise Erkenntnis fier seine Gemeinde abzuleiten. –

Trinkspruch

Solang, wie de Flieg aufes Schmalzbrot huckt,
Solang, wie noch immer de Gurgel juckt,
Solang, wie noch einem zum Suckeln hast,
Solang, wie der Bauch inne West noch paßt,
Solang, wie der Pregel am Bollwerk stoßt,
Prost!

Er pusd sich auf

Im Krug stand e Kerdel annes Biefeeh, daß ich rein von hinten dachd, das könnd der Paulche Schallnies aus Dumsdalken sein, wissen Se, der Nachschrabsel vom Ede Schallnies und seine verflossene Berta, wo der alte Differt noch emal aufgegrabbelt hädd, wie seine Frau abgekratzt war. Und denken Se diesem leibhaftigem Zufall! Er war es wirklich! Bloß er wußd es nich mehr. Er hädd es, mir scheint, auch vergessen, daß er zu Haus e nichtsnutziger Lodschak gewesen war, so e richtger Luntrus, dem wo keiner nich iberm Weg traud. Arbeiten hat dem keiner nie nich gesehn, zu Mittag hat er inne Kastroll gespuckt und zu Ambrot fier zwei Dittchens Pferdswurscht gekauft. Aber nu gab er an wie e Tutche voll Micken. Aufgeblasen wie e Pomskeilche, gibbeld er, daß ihm das Maul schäumd, und wußd gar nich, daß ich hinter ihm stand. Jetz missd er als Flichtling mit Pinsel und Birsten und Wischkodders hausieren gehn, sagd er, und zu Haus huckd er aufes Väterliche von vierhundert Morgen. Da hädd er e Haushalt wie e First. Was liefen da bloß fier Leite aufem Hof und inne Stubens rum, einer konnd se bald gar nich mehr zählen! Da war e Stuben- und e Kichenmädchen, e Schweizer und e herrschaftlicher Kutscher. Einer kam sich wie e Sultan vor, ieberall, wo hinspucksd, trafst einem, wo irgendwas innes Haus zu bepaslacken hädd. Und wenn Ambrot gab, denn huckden ummem Tisch bald mehr Menschen rum wie in manches kleine Kirchdorf. Und er beschwor sich hundert Klafter untre Erd, daß alles stimmd, was er sagd.

Da kam es mir hoch, und ich haud ihm von hinten eins aufe Schulter, daß er inne Kniee ging. Denn drehd er sich um und erkannd mir und wolld mir umärmeln. Aber ich ließ nich. „Weißt, Paulche," sagd ich, „ich hab vor e paar Jahre mal zwei Hundchens belauscht, einem großen und einem kleinen. Der große schimpfd, weil er dem kleinen an seinem Stammbaum bedrickt hadd. Der war bloß fier die große Kollegen bestimmt, und schon gar nich fier die Flichtlingshunde. Da pusd der kleine sich auf und gab ihm ganz geheerig Bescheid: „Ich bin e Flichtling, aber ich bin bloß aufe Flucht zusammengeschrumpelt. Zu Haus war ich e wietender Bernhardiner!"

Kropfenbacken

De Luschnatsche hädd Haare aufe Zähne und fiehrd e strenges Regiment auf ihrem Hof. Se war e geborne Schinz, war das einzige Kind gewesen und hädd das Grundstick geerbt, der Luschnat, was ihr Mann war, hädd bloß reingeheirat. Zu sagen hädd er gar nuscht, bloß hoppsen mißd er und sich raggen von morgens frieh bis abends spät. Und se hield de Dittchens fest, daß er klammheimlich Korn verkaufen mißd, wenn er e bißche Geld fier e Tulpche Bier brauchd. Aber wenn se ihm dabei bedrickd, denn ging ihm schlecht. Kinder hadden se keine, dafier aber e Haufen Geld aufe Kass, und das ganze Dorf wunderd sich, zu was die beide sich so rackerden, denn fleißig war de Luschnatsche, das mißd einer ihr lassen.

De greeßte Freid hadd se, wenn e Kuh kalbd und e Sau ferkeln tat. Einmal trafen diese beide Ereignisse zusammen, und wie de Luschnatsche denn innes Heu auch noch drei frisch gejungte Katzchens fand, vergaß se fier e Weilche ihren Geiz und ihre Haare aufe Zähne und beschloß, zur Feier des Tages Kropfen zu backen. Se riehrd dem Teig an, machd Feier im Herd und grabbeld ganz tief im Schmalztopp rein. Und denn ging los mittes Kropfenbacken. Es ging auch alles ganz gut, bis se noch e bißche Holz auflegen wolld. Da schlug de Flamm im Kropfentopp rein, das Fett fing an zu brennen, und mit eins war de ganze Kich voll Rauch, daß nich de Augen aufmachen konndst. Und das Feier schlug im Schornstein hoch, wo de Luschnatsche ihre Schinken und ihre Speckseiten zum Reichern aufgehongen hädd.

Inne erste Verzweiflung fing se an zu brillen, daß der Luschnat vonnes Holzhacken reingestirzt kam, aber schnell wieder rauslief Wasser holen. Se hädd auch all e paar Stippels Wasser raufgekippt, aber davon reicherd es noch viel doller. Nu hädd de Luschnatsche bloß noch dem einen Gedanken, ihre kostbare Schinken zu retten, daß se nich womeeglich verbrannden. Deshalb stelld se sich dem hohen Tritt aufem Herd rauf und kletterd im Schornstein rein. Von unten schlug ihr das Feier unterm Rock gegne blanke Beine, daß se mit eine Hand immer löschen mißd. Aber mitte andre Hand grabbeld se mutig nach oben mang die Schinkens mang. Sehen konnd se natierlich nuscht, denn der Rauch brannd ihr ganz aasig inne Augen, daß se se zugekniffen halten mißd.

Der Luschnat traud sich das zweite Mal gar nicht erst inne Kich rein, vleicht hoffd er auch, daß das Feier ihr e bißche de Haare vonne Zähne absengen tat. Er wußd natierlich auch nich, weshalb de Altsche nich rauskam. Aber inne Kich nachsehen wolld er nich. Er stelld sich de lange Leiter annes Dach ran, kletterd mit seinem Eimer hoch und goß das Wasser im Schornstein rein. Nu stellen Se sich de Luschnatsche vor, wie se mang e Schinken rumgrabbeld, von unten beheizt und von oben bewässert! Das Wasser kam so plötzlich runtergestirzt, daß se mit eins de Bilangs verlor, vom Tritt runterschorrd und mittem Dups im Kropfentopp zu hucken kam. Fragen Se mich nich, was der

Luschnat von ihr zu heeren kriegd. Das ganze Leben hat se ihm de Brandblasen untre Nas gehalten und sich bemieht, ihm klarzumachen, wie dammlich er is. Aber Kropfen gebacken hat se von die Zeit an nich mehr.

Ein klarer Fall

Erst hat der Dokter ihm bekickt,
Befiehlt, behorcht, bekloppt, bedrickt
Vom Kopp bis anne Zehen,
Denn sagt er: „Ja, Herr Padubrin,
Sie haben Wasser in den Knien,
Da muß nun was geschehen."

„Das kann bestimmt kein Wasser sein,
Bei mir kommt nie nich Wasser rein,
Das kann ich Sie beschein'gen.
Nei", meint er, „Wasser trink ich nich,
Denn Wasser is man äußerlich,
Vom Dreck sich zu berein'gen.

Wo kommt denn bloß das Wasser her?
Das zu begreifen, fällt mir schwer.
Doch, wenn es kluckst und klickert,
Denn weiß, Herr Dokter, ich Bescheid,
Denn is bestimmt de Feichtigkeit
Beim Gurgeln durchgesickert."

Masurisches

Nu will ich Ihnen was erzählen, da missen Se mir verspre-
chen, daß Se das fier sich behalten. Es is nämlich wirklich
passiert, und die beteiligte Perseenlichkeiten leben noch.
Wo sich das ereignet hat, sag ich auch nich, sonst giebt
vleicht noch Ärger. Deshalb missen Se sich damit begnie-
gen, daß es in e großes masurisches Kirchdorf war. Da war
e neier Lehrer hinversetzt, und wie er sein Gefliegel im
Stall reinließ, da waren aus die zwölf Gänse mit eins dreizehn geworden. Dem andern Morgen ieberzeigd er sich
noch emal, daß er sich nich verzählt hadd, und da sah er
auch all de dreizehnte Gans, nich so rund und blank wie
de andre, sondern spiddrig und verhubbert. Die war von
irgendwo zugelaufen. Deshalb ging er gleich beim Herr
Amts- und Gemeindevorsteher, und der mußd de Gans
ausklingern lassen. Dem andern Morgen ging er fragen,
aber es hädd sich keiner gemeldet. Aber wie noch e Nacht
rum war, kam der Herr Amts- und Gemeindevorsteher de
Gans abholen. Se war ihm selbst weggelaufen, und er hädd
gar nich dadran gedacht, in seinem eigenen Stall nachzukik-
ken. Es war im November, und der Herr Lehrer ging e paar
Tage später in Krug e Tulpche Grog trinken, da traf er dem
Herr Amts- und Gemeindevorsteher. „Wissen Se," meind
der, „unter uns gesagt, mir is gar keine Gans nich weggelaufen. Weil sich aber aufes Ausklingern keiner melden tat,
wußd ich gleich, daß de Gans außem Schmuggeltransport
ausgerickt war. Jedes Jahr werden viele polnische Stoppel-
gäns klammheimlich iebre Grenz gebracht. Und was meinen Se, was das fier Schreibereien und Scherereien giebt,

wenn so e ungesetzliche Gans erst aufes Papier kommt! Deshalb hab ich ihr von Ihnen abgeholt, de Gurgel umgedreht und im Kochtopp reingestochen. Nu kann nuscht mehr passieren."

*

Zweimal im Jahr kam der Krotzki, e polnischer Handelsmann, schwarz iebre Grenz wegen seine Geschäfte. Deitsch konnd er nich viel, aber irgenwie hat er sich immer mit seine Kundschaft verständigt. So kam er auch auf e einsame Försterei in die Jahannisburger Heide: „Was zu kaufen, was zu verkaufen?" fragd er. „Ja, Krotzki", sagd der Förster, „kannst Du mir zwei Dackelchen besorgen? Aber scheen braun missen se sein, einer wie der andre, und was werden se kosten?" „Herr Förster, zwei Dackelchen kann ich besorgen, scheen braun, und einer wie der andre. Kosten werden se 150 Mark." Der Förster winkd ab, weil ihm das zu teuer war. Aber der Krotzki ließ nich nach, pöh a pöh ging er mittem Preis runter, bis se auf dreißig Mark einig waren. Im Friehjahr, wenn er wiederkam, wolld er se mitbringen. Denn sagd er dankscheen und verschwand. Dauerd nich lang, da steckd er noch emal dem Kopp durche Tier: „Herr Förster, ich wolld bloß noch fragen, was sind Dockelchen?"

Pawelzik: Wirst du mir nei anstreichen meinem Tafelwagen?

Dorka: Warum nicht!

Pawelzik: Wann wirst du anstreichen?

99

Dorka:	Wann wirst du schicken Tafelwagen?
Pawelzik:	Ich werde schicken Donnerstag, mein Sohn wird bringen.
Dorka:	Pscherunje, du willst geben deinem Sohn Pferde in die Hand, wo er doch erst ist acht Jahre.
Pawelzik:	Warum Pferde? Wird er bringen in Aktentasche.
Dorka:	In Aktentasche? Tafelwagen in Aktentasche? Ach, jetzt weiß ich, du meinst Wagentafel.

’Is ja wahr!

„Das Pferd ist gut, das kannst du ruhig kaufen,
Es zieht wie doll, und laufen kann es, laufen! – –
Achthundert Mark! Wenn einer so bedenkt,
Wie schnell das läuft, denn is das wie geschenkt.
Das sockt bestimmt bald schneller wie e Hundche,
Bis Groß-Stobingen braucht es bloß e Stundche.
Fährst morgens gegen Uhre sechs hier los,
Denn bist um sieben da. Nu sag mir bloß,
Das is dir immer noch nich schnell genug,
Viel schneller fährt ja nich emal der Zug!“
„Nei, weißt, das Pferdche kann mir wenig nitzen,
Drum bin ich auch nich wild, ihm zu besitzen.
Was brauch ich ihm? Und denn, vor allen Dingen,
Was soll ich all so frieh in Groß-Stobingen?“

Hilfsschrankenwärter Koschorrek

Er war e bißche geistig unterernährt und machd sich Sorgen, wo er mit seinem Zwölfender-Schein unterkommen solld, der Johann Koschorrek. Deshalb war er dankbar und zufrieden, daß se ihm wegen hervorragende Fiehrung und gewissenhafte Pflichterfüllung e Posten als Hilfsschrankenwärter bei die Deutsche Reichsbahn gaben, wo er in die Gegend von Kobbelbude fimfunddreißig Jahre trei und fleißig de Schranken rauf- und runterkurbeln tat, wenn e Zug kam. Denn haben se ihm pängsjoniert, und er mußd mit seine Frau de Dienstwohnung räumen, weil sein Nachfolger all dadrauf lauern tat. Bloß wohin nu mittem Johann, wo am liebsten inne Sielen sterben wolld, denn ohne Eisenbahn konnd er nich mehr leben. Und wenn er auch pängsjoniert war, er fiehld sich weiter verantwortlich fier die Schranken, wo er so viele Jahre gekurbelt hädd. Da fand de Bahn e gutem Ausweg, indem daß se ihm fier billiges Geld und auf Raten e ausrangschiertem Dritterklasse-Wagen verkaufd, e paar Geleise und zwei Prellböcke. Denn kriegd er noch e Stickche Land vonne Bahn, wo er de Schienen festmachen und dem Wagen raufstellen konnd. Und wie er ihm denn hibsch als Wohnung eingericht hädd und durchem Fenster tagieber de Schranken kontrollieren konnd, wenn e Zug kam, war er der glicklichste Mensch untre Sonn.

Da kam mit eins der Herr Reichsbahnrat, wo ihm dem Waggon verkauft hädd, de Statzjohn rewendieren, und wie er heerd, daß der alte Koschorrek noch am Leben war, beschloß er, ihm zu besuchen. Er fuhr mit seinem Auto bis an dem Eisenbahnwagen ran, wo der Johann wohnd. Es regend, was vom Himmel kommen konnd, aber der Johann ging, das Pfeifche im Maul, stolz vor seinem Eigenheim auf und ab. „Nanu, Herr Koschorrek", meind der Herr Rat, „schimpft vleicht de Muttche, wenn Sie ihr de Gardienen verreichern?" „Das gerad nich", sagd der Johann, „aber der Herr Rat werden entschuldigen, ich hab nich aufgepaßt, wie ich dem Wagen kaufd, sonst hädd ich missd sehen, daß es einer mit lauter Nichtraucherabteile is." „Das ist ein Pflichtgefühl, wie man es nur selten findet", dachd der Herr Rat und nahm sich vor, dem Johann im nächsten Jahr wieder zu besuchen.

Und er kam auch wirklich und fuhr mittem Statzjohnsvorsteher beim alten Koschorrek hin. Diesmal regend es nich, sondern de Sonnche knalld vom Himmel runter die Leite aufem Pelz. Und da sieht er mit eins, daß dem Johann sein Wagen immer hin und her fährt, von einem Prellbock bis zum andern, und wieder zurick. „Was mag da los sein?" fragt er, aber der Statzjohnsvorsteher kann ihm das auch nich erklären. Wie se dichter rankommen, sehen se, daß der Johann dem Wagen schiebt. Er stehnt und jappst und wischt sich dem Schwitz mittem Ärmel vonne Stirn. „Aber mein lieber Herr Koschorrek", sagt der Herr Reichsbahnrat, wie er außes Auto hoppst, „was plagt Sie bloß, in dieser Hitze den Wagen hin und her zu schieben?" „Ja, Herr Rat", meint der Johann, „das mach ich jedem Tag einmal. Meine Altsche – – –, und das werden der Herr Rat doch auch wissen, daß de Benutzung des Abortes während des Aufenthaltes auf eine Statzjohn nich gestattet is. Das Wichtigste bei e Bahn sind immer de Vorschriften." Da dreht sich der Herr Bahnrat zum Statzjohnsvorsteher um: „Mein lieber Herr Jessat, nehmen Sie sich an unserm braven Koschorrek ein Beispiel. Ein derartiges Pflichtbewußtsein sollten sich alle unter en Beamten zu eigen machen." – –

Nur keine Hast!

Quer durch den Wald auf schmale Spur
Verkehrt sich „Rasender Masur",
Fährt sich von Puppen weites Stück
Bis Friedrichshof und dann zurück.
Da plötzlich in dem grünen Wald,
Pschakrew, wo Vogel singt, ist Halt,
Weil Kuh vor Lokmotive grast.
War bald auf ihr hinaufgerast,
Und ganzes Zug, wie leicht konnt sein,
Entgleist an Kuh sein Hinterbein.
Drum springt sich Schaffner schnell heraus,
Schimpft freches Kuh gehörig aus
Und jagt, perrunje, ihr mit Fleiß
Und langem Knüppel weg von Gleis.
Dann geht es weiter im Galopp. – – –
Nach drei Minuten wieder stopp,
Weil wieder blödes Kuh da steht,
Wie Zug gerad in Kurve geht.
Erstaunt fragt einz'ger Passagier:
„Warum sind soviel Kühe hier?"
Darauf der Schaffner spricht ihm zu:
„Herr Fahrgast, ist nur eine Kuh,
Wo jeden Tag uns hier verkohlt,
Sie hat uns doch nur überholt!"

Pängsjonshund Poseidon

Wir haben Familienzuwachs gekriegt, nämlich einem Hund. Gekauft haben wir ihm nich, dazu haut es bei em Dittche-Rentjeh nich aus, sondern wir haben ihm bloß in Pängsjon genommen, gewissermaßen sozusagen als Kurgast, und das kam so. Ich schnippseld gerad am Tisch meinem geschenkt gekriegten Eigenbau und ärgerd mir, daß der Poggenritzer nich schneiden tat. De Emma, was meine Frau is, hadd sich de Seh-Maschien aufe Nas geklemmt und las innes Kreisblatt.

Mit eins sagd se: „Huch, das wär doch was!" Huch sagt se immer, wenn ihr was Besonderes einfällt. Erst dachd ich, se hat e passendes Heiratsangebot gefunden, aber es war nich. „Leg deinem Knief weg und heer zu", sagd se, „sonst kriegst es nich orndlich mit, und es is sehr wichtig." Und se las: „Wir suchen ein älteres, tierliebendes Ehepaar, das für ein paar Wochen gegen angemessene Vergütung unseren Hund in Pflege nimmt. Er ist ein gutmütiger und stubenreiner Hausgenosse." E älteres Ehepaar sind wir ja und tierliebend sind wir auch. Gutmietig und stubenrein gefiel mir auch, bloß mit die angemessene Vergietung war ich nich ganz einverstanden. Was heißt all angemessen? Das kann viel und das kann wenig sein. Aber de Emma war gleich Feier und Flamme und sagd das zweite Mal Huch.

Nu wußd ich all, es kommt wieder was Besonderes. Und es kam auch, indem daß se einfach zwei Mark pro Tag Pängsjon verlangen wolld. „Fier drei Dittche frißt er auf, und eins siebzig haben wir verdient", meind se. Nu gab ich ihr aber zu bedenken, daß so e Tier doch allerhand Arbeit macht, und viel Platz haben wir auch nich in unser Stubche. Wo soll er schlafen und sich auslaufen? „Schlafen?" meind de Emma, „inne Eck aufem alten Sack! Und auslaufen? Du fiehrst ihm jeden Tag e paar Stunden am Bindfaden im Wald spazieren. Du brauchst doch Bewegung, und schließlich mußt du fier eins siebzig auch e bißche was tun. Geschenkt giebt nuscht aufe Welt!" Nu bin ich, wie Se wissen, auch gutmietig und stubenrein, und deshalb haben wir sich beworben.

Dauerd nich lang, vleicht drei, vier Tage, da kamen se mittem Straßenkreizer vorgefahren, e Ehepaar so Mitte virzig, er sah aus wie e Staatsanwalt, und sie war mächtig angemalen und aufgetakelt. Das war noch alles auszuhalten, aber wie ich dem Hundche zu sehen kriegd, da wär ich bald auße Klumpen gekippt. Er hieß Poseidon, und so sah er auch aus. E Dobermann, bald so groß wie e neigeborenes Kalb, dem Zagel befiddelt und de Ohren beseimt. Und er kickd so glupsch, daß ich mir fest vornahm, mit ihm nich allein im Wald zu gehn. Und fier dem Schiß wolld ich fimf Dittche Zuschlag nehmen. Aber das muß der Poseidon gemerkt haben, denn wie ich gerad das Maul aufmachen wolld, da gnurrd er und taxierd meine Waden. Deshalb war ich all lieber still.

Na, wir wurden auf eins fuffzig einig, und er solld vier Wochen bei uns bleiben. E Lein und e Maulkorb kriegden wir auch, aber bloß sicherheitshalber wegen die Tollwut. Nich ieberfittern sollden wir ihm und viel bewegen, besonders aber ihm immer freindlich und liebevoll behandeln. „Unser Poseidon ist gut erzogen und hat ein kindliches Gemüt, nur ärgern dürfen Sie ihn nicht", sagden se noch. Aber wie ich ihm ganz sachtche streicheln wolld, da gnurrd er wieder. „Haben Sie keine Angst, er gewöhnt sich sehr schnell!" Denn gaben se mir fuffzehn Mark als Anzahlung, dem Rest sollden wir kriegen, wenn se dem Hund wieder abholen taten. Damit waren wir nu aller einig, bloß der Poseidon nich, denn der wolld mit Gewalt wieder mit. Ich konnd noch gerad so de Tier zuschmeißen, wobei ich mir an die krätsche Klink dem Daumen beklemmd. Und nu kam sein kindliches Gemiet zum Ausbruch. Er sprang immer anne Tier hoch und bekratzd ihr von oben bis unten, und ich hädd ihr gerad zu Weihnachten frisch gestrichen! Dabei jauld und belld er, daß ich rein dachd, das Haus fällt ein. Und wie durche Tier nich ging, wolld er durches Fenster raus. Er war kaum zu halten. Was blieb mir iebrig, ich mußd de Schranktier aushängen und vores Fenster festmachen. Nu missden wir natierlich das läktrische Licht anknipsen, daß wir nich im Diestern saßen. Aber wenigstens hädd er uns bis jetz noch nich gebissen, das war all viel wert.

De Emma hadd sich hinterm Schrank verkrochen und sagd zum dritten Mal Huch. Nu kam wieder was Besonderes: „Wir hädden doch auf zwei Mark bestehen sollt. De zerkratzte Tier und das Licht sind in die eins fuffzig doch nich drin, und wer weiß, was noch alles kommt. Denn missen wir ebend Nebengebiehren berechnen." „Se werden dir was husten mit deine Nebengebiehren, abgemacht is abgemacht." Bei diese Unterhaltung hädd der Poseidon sich e bißche beruhigt und kickd uns immer umschichtig an, als ob er zuheeren tat. Dabei spield er mit seine zergnubste Ohren, und das war bestimmt kein gutes Zeichen. Ich dachd, wenn er doch bloß einmal mit seinem Schwanz-Stummelche wedeln wolld, aber er tat mir nich dem Gefallen. Es half auch kein gutes Zureden, und immer, wenn de Emma ihm mit ihre hohe Stimm ansprach, fing er an zu singen, daß de Milch sauer werden konnd.

Allmählich traud se sich hinterm Schrank vor und wolld Mittag aufschöpfen. Es gab Kartoffelsupp und fier jedem e Stickche pommersche Wurst. Der Poseidon machd große Naslöcher und fing Gott sei Dank mit eins an zu wedeln. Wahrscheinlich roch er de Wurst, aber vleicht hädd er Angst, daß er nuscht kriegt, denn er sprang plötzlich anne Emma hoch, so daß se vor Schreck dem Topp fallen ließ. Nu lag das ganze scheene Mittag aufe Erd, und der Topp war auch zum Deiwel. Das hädd der Poseidon aber mir scheint gewollt. Zwar verbriehd er sich anne heiße Supp de Schnauz, daß er mittem Kopp schlackern mußd, aber de pommersche Wurst hädd er rietzratz verputzt. De Supp ließ er erst kalt werden, denn leckd er ihr auf bis aufes letzte Tropfche. Er war ebend stubenrein.

Nu huckden wir ohne Mittag, bloß der Poseidon war satt. Gut erzogen, wie er war, hoppsd er inne Emma ihr Bett rein, kringeld sich zusammen und fing an zu schnarchen. Wie er ausgeschlafen hädd, hoppsd er wieder raus außem Bett, schniffeld ieberall rum, als wenn er was suchen tat, und hob denn anne Eck vom Schrank e Beinche.

„Auch das noch!" sagd de Emma, und mißd nu aufwischen. Der Nachmittag verging ohne besondere Ieberraschungen, es schien so, als ob er sich mit sein Schicksal abgefunden hädd. Abends trauden wir uns nich zu essen, daß er nich wieder de Emma umrennen tat, und gingen hungrig inne Posen. Der Poseidon schlief wie nachmittags inne Emma ihr Bett, de Emma in meins, und ich aufem alten Sack inne Eck.

Dem andern Tag kriegd ich Ärger mit dem Bauerochse, denn wie ich mittem Poseidon anne Lein zu einem Waldspaziergang rausging, weil er viel Bewegung brauchd, riß er sich los und wirgd dem Bauerochse seinem großen Kater, wobei er ihm das linke Ohr abriß. Aber der Kater zerkratzd ihm ganz geheerig de Schnauz, daß se aufschwoll und er zwei Tage vor Schmerzen nuscht fressen konnd. So konnden wir wenigstens e bißche was zu uns nehmen. Allmählich gewöhnd er sich denn an uns, bloß außem Blechteller wolld er nich fressen, er mißd einem porzellanenen kriegen, und der alte Sack inne Eck fand auch nich seinem Beifall. Nach wie vor schläft er inne Emma ihr Bett.

Nu haben wir ihm all drei Wochen. In die Zeit hat er meinem alten Filzhut zerkaut, dem Maulkorb verloren, einem Schuljung inne Waden gebissen, dem Bauerochse e große Wurst auße Kammer gestohlen, zwei Hiehner zerrissen und einem vonne Emma ihre Schlorren verschleppt, daß wir ihm nich mehr finden können.

Gester kam nu e Brief von sein Frauche an, da stand drin: „Ist er nicht ein herziges Tier? Hat er nicht ein kindliches Gemüt? Grüßen Sie herzlich unsern lieben Poseidon und sagen Sie ihm, er muß noch vier Wochen länger bei Ihnen bleiben, wir kommen erst Ende Februar zurück."

De Brautschau

Nu war der Otto nich mehr weit von dreißig,
Breit wie e Scheinentor, gesund und fleißig,
Und brauchd e Frau, es war de heechste Zeit,
Drum kriegd er de Marieche zugefreit.

Die war noch jung und hädd noch keine Sorgen,
Huckd staatsch als einz'ges Kind auf hundert Morgen
Und kriegd von eine Tante aus Berlin
E Haufen Geld und zwölfmal zu beziehn.

Drum hat se auch nich gleich erst wem genommen,
Wo bei ihr Sießholz raspeln is gekommen,
E Mordsmergell wie die mit alles dran,
Die kriegd, das wußd se, immer noch e Mann.

So lauerd se geduldig aufem richtgen,
Nu missd der Otto hin und ihr besichtgen,
Er schmiß sich inne Brust und im Schakett,
Ging aufe Bahn und kaufd sich e Baljett.

Denn fuhr e halbe Stund er bis Bokellen,
Wo alle Hundchens mittem Zagel bellen
Und wo, e schwarzem Wallach vorgespannt,
Fier ihm e gelbe Gigg am Bahnhof stand.

Das hädd er schriftlich all vor zwei, drei Wochen
Mit die Marie ihr Vater so besprochen.
Nu war er da. Se gaben sich de Hand
Und stiegen ein und fuhren ieber Land.

Natierlich war beim Fahren aufem Wagen
De beste Zeit, noch dies und das zu fragen.
So sprachen se vom Feld und vonnes Vieh
Und zwischendurch auch mal von die Marie.

Dem Otto tat was andres noch bedricken,
Er missd bloß immer aufem Wallach kicken.
Der schwarze Wallach, nei, war das e Pferd!
Das war bestimmt de ganze Brautschaft wert.

Marieche lächeld, rot bis iebre Ohren,
Und hat am Otto foorts ihr Herz verloren.
Der ieberlegd e Weilche und beschloß:
„Ich nehm ihr, aber außerdem das Roß.“

„Nei“, hat der Vater ihm darauf entgegent,
„Und wenn drei Tage junge Hunde regent,
Das is mein letztes Wort, das merken sich,
De Tochter kriegen Se, dem Wallach nich!“

„So“, sagd der Otto drauf, de Stirn in Falten,
„Denn können de Marie Se auch behalten.
Mit Hof und Geld und zwölfmal zu beziehn
Und mit die reiche Tante aus Berlin.“

Fimf Jahre später traf er in Gerdauen,
Er dachd, er konnd nich seine Augen trauen,
Per Zufall, wie's so kommt mal, de Marie.
Da ging er auf ihr los: „Verzeihen Sie,

Vor ein'gen Jahren mußden wir uns trennen,
Ich weiß nich, Freilein, ob Sie mich noch kennen."
„Natierlich! Gut! Vleicht dachden Se wo nein?
Se wollden doch mal unserm Wallach frein!"

Speränzchens

Mindestens e halbes Jahr war de Malche nich mehr beim
Dokter gewesen, aber mit eins war se denn doch wieder da.
Er begrießd ihr und fragd, wo se so lang gewesen is. „Ach,
ich war bloß verreist nach Königsberg, mir e bißche mit
die Büldung belernen." „So, so", sagd der Dokter, „dann
erzählen Sie mir doch mal, was Sie erlebt haben. Vor allem
nehmen Sie, bitte, Platz." Dabei schob er ihr e Stuhl hin,
daß se sich hinhucken solld. Aber de Malche schlackerd
mittem Kopp und meind: „Ach schiet, öck stoah leewer."

*

Im ersten Weltkrieg war de Friedche Rote-Kreiz-Schwe-
ster und machd Dienst aufem Bahnhof. Se mussd an die
Soldaten, wo durchfuhren, Kaffee und Wurststullen vertei-
len. Ebend war wieder e Transport angekommen, und de
Soldaten stiegen aus, um sich e bißche de Beine zu vertre-
ten. Se waren feldmarschmäßig angezogen, Koppel mit Pa-
tronentaschen umgeschnallt, bloß dem schweren Stahlhelm
brauchden se nich aufzubehalten, sondern trugen e Feld-
mitz aufem Kopp. Dem Helm hädden se am Koppelhaken
hängen. De Friedche gießt nu einem Soldat Kaffee inne

Feldflasch rein und unterhält sich mit ihm. Er war e Bumskerl, bald zwei Meter lang, und se bestaund ihm. Nu will se auch zeigen, daß se e gebildete Mergell is, und fragt ihm dies und das. Es war ihr auch gesagt worden, daß se zu die Soldaten immer sehr freundlich sein soll. Deshalb bedauerd se ihm, daß er in die dicke Uniform und mit die schwere Stiefel rumrennen muß. Mit eins sieht se dem Stahlhelm am Koppelhaken und meint: „Dem tragen Se wohl hauptsächlich auf dem Marsch?" „Nei, Schwesterche", sagd der Musketier und lachd, daß de Mundwinkel bis anne Ohren reichden, „hauptsächlich aufem Kopp!"

*

Wenn der alte Keiluweit besoffen is, kann er nich das Maul halten. Denn kommt alles raus, was er gesindigt hat. „Mien Ohler", sagt deshalb de Keiluweitsche, „hät e Mul wie e Wundertut. Jedet Woort ös e Äwerraschung."

*

Es gab Schwarzsauer mit Keilchen. De Bauersfrau hädd de Supp zum Abkiehlen vore Tier gestellt, und unverhofft war e großer Pogg reingehoppst. Das hädd keiner nich bemorken. Wie nu alles am Tisch huckd und se anfing aufzuschöpfen, da sagd der Knecht empeert: „Dä Soppät öck nich, een Kielke plinkert."

Guten Appetit!

De Fischbrick hat e großem Tag,
E Tag wie selten man,
De Bertche hoppst vom Kohlentopp
Und brillt de Malche an.

Die brillt zurick, und nu geht los
Mit Giftkrick und Pasorr,
Mit Saft-Eul' und Gewitterzieg,
Mit Mistflieg und mit Schlorr.

So tobt de Schlacht e halbe Stund
Erbittert, wild und heiß.
Mit eins da wird de Malche still,
Weil se nich weiter weiß.

Besiegt? I wo, das giebt es nich,
Das wär' das erste Mal,
Drum wiehlt se mang e Fische rum
Und grabbelt nachem Aal.

Da sieht se plötzlich unverhofft,
Das giebt ihr neie Kraft,
E Pferdeäppel aufe Erd,
Ganz frisch, im eignen Saft.

Se holt ihm hoch, se zielt und schießt,
De Malche is nich faul,
Und trifft genau mit Augenmaß
De Bertche innes Maul.

Der geht vor Schreck de Luft zu End,
Das hädd se nich gedacht,
So steht se da, de Backen voll,
Und alles kreischt und lacht.

De Friedche, ihre Freindin, hädd
Sich mit veramesiert,
Nu brillt empeert mit eins se los:
„Was alles so passiert!

Mit Pferdeäppel schmeißt die Krät,
Das is e Schweinerei!
Behalt' so lang ihm innes Maul,
Ich hol de Pollezei!"

Unser alter Herr Lehrer

Wenn Friehjahr is, wo de Kinder inne Schul versetzt werden oder hucken bleiben, denn fällt mir jedes Mal unser alter Lehrer Butkat ein. Wissen Se, der hädd fuffzig Jahre in unser Dorf de Jungens de Bixen stramm gezogen und ihnen das Schreiben und Rechnen beigebracht. De Mergellens kriegden mittes Lienjal aufe Hand, wenn neetig war. Alle Männer innes Dorf zogen vor ihm de Mitz, und de Frauens sagden: „Guten Tag, Herr Lehrer", denn se kannden ihm ja aller von kleinauf und waren bei ihm inne Schul gegangen.

Aber er war nich bloß der Herr Lehrer, sondern er war wie e guter Vater fieres ganze Dorf. Was hädd er nich alles fier Pflichten iebernommen! Er war Standesbeamter und hädd die neie Erdenbirger innes große, schwarze Buch eingetragen, er hädd die junge Paare getraut, und wenn einer de Klumpen aufgesetzt hädd, denn hädd er ihm besungen. Er war Schiedsmann, und wenn de Leite sich beschimpfden, denn lächeld er bloß und ließ ihnen orndlich austoben. Und denn zuletzt wurd er grob und hat se besackt, daß kein Hundche nich mehr e Stickche Brot von sie nehmen wolld. Dabei sagd er Du, das war wirksamer. Und er ließ se nich frieher auße Stub raus, bis se sich wieder vertragen hädden.

An seinem kleine Haus'che, wo er sich zusammengespart hädd, hing e blau angestrichener Briefkasten, denn er war auch Leiter von die Posthilfsstelle. Wenn einer einem Kuigel geschlacht hädd, ging er mittem hellgelben Holzkasten hin. Da war e Mikrofon drin, und mit dem suchd er Trichienen. Dafier brachden se ihm denn e bißche Leberwurst und Gritzwurst zum Schmecken. Natierlich war er auch Rendant von die Gemeinde- und die Schulkasse, wo er de Dittchens zusammenhield. Und de Annahmestelle von die Kreissparkasse hädd er auch. Er nahm das sehr genau wie alles in seinem Leben. Wenn der Parplies drei Monate nuscht eingezahld hädd, ging er einfach hin und hield ihm seinem Buch und seinem leichtsinnigen Lebenswandel vore Augen. So kamen se mitte Zeit aller e bißche zu Geld und waren ihm dankbar.

De Kerdels mißden aller im Gesangverein rein, und da hat er ihnen mitte Stimmgabel diregiert. Wenn e falscher Ton zwischenkam, sagd er: „Das is nich so wichtig. Hauptsach, ihr sperrt das Maul groß auf, daß ihr zu heeren seid."

Ach Gottche, was war er nich noch alles, unser guter alter Herr Lehrer! Wahlvorsteher und Schöffe bei es Gericht, Berichterstatter fiere Zeitung, Hauslehrer beim Oberförster seine beide Bälger. Er mißd zufreien gehn und Festreden halten, er machd fier alle Leite schriftliche Eingaben bei die Beheerden. Wenn e Kind krank wurd, mißd er Fieber messen und wußd e Haufen Hausmittel gegen Kolik und Reismantismus. Er nahm gern einem gegne Wirmer, denn er war kein Spielverderber, bloß rauchen tat er nich. „Rauchen is schädlich", sagd er, „nehmt lieber e Schniefke oder steckt eich e bißche Schiemannsgarn inne Back, wenn ihr all ohne Tabak nich leben könnt. Rauchen verpestet de Lungen." Und wie e Bauer ihm sagd: „Herr Lehrer, ich hab das ganze Leben geraucht und bin heite all achtzig Jahre alt", da meind er: „Du Dammlack, häddst nich geraucht, wärst vleicht all fimfundachtzig!"

Ganz unentbehrlich war er fiere Landwirtschaft. Wenn e Kuh vom frischen Klee aufgedunst war, daß einer Angst haben mißd, se könnd aufplatzen, denn stach er mittes Messer rein und ließ de Luft ab. Und wenn e Kalb sich verschluckt hädd und an e Stick Bruk wirgen tat, daß ihm de Augen außem Kopp quollen, denn griff er rein im Schlung bis am Ellbogen. Aber wenn es zu glitschig war, daß er es nich fassen konnd, stoppd er dem Kalbche dem Daumen und dem Zeigefinger inne Nas und e umgekehrtem Strohwisch im Rachen. Denn mißd es schlucken, weil es keine Luft kriegd, und denn rutschd meistens das Stick Bruk runter im Magen.

Er war ja selbst e guter Bauer und tat seine zwölf Morgen Schulland mustergiltig bewirtschaften. Sein Getreide stand immer, daß es e reiner Staat war. Und im Winter hat er fieres ganze Dorf und fiere Nachbardörfer Bruken- und Riebensamen außem Katalog verschrieben und in Achtel- und Sechzehntelpfundchens ausgewogen, wie jeder es gerad brauchd.

Ja, im Dorf ging nuscht ohne unserm alten Herr Lehrer, bloß, wie er mal Hebamm spielen solld, hat er entsetzt abgewunken. Mit die Zeit war er all sehr alt geworden, aber immer noch gut aufe Brust und aufe Fieße, bloß aufes Feld ging er nich mehr, weil er das Schulland an seinem Nachfolger abgegeben hädd.

Und ein Jahr im August, es war richtiges Austwetter, und das ganze Dorf war draußen bei die Ernte, schlich er sich noch einmal inne Schulklass, wo er fufzig Jahre unterricht hädd. Er war ganz allein, aber im Geiste sah er noch einmal de Bänke voll kleine Bonskes und blonde Mergellchens. Deshalb wischd er mittem Schwamm de Tafel ab, wie er es so oft gemacht hädd, und schrieb mit Kreide das Einmaleins mit vier auf. Scheen gerad stand eine Zahl nebne andre. Sieben mal vier gleich achtundzwanzig, acht mal vier gleich zweiunddreißig… Und denn hing er de Landkart iebre Tafel, nahm dem Zeigestock und erklärd de Kinder Siedamerika. Er ieberheerd ihnen, wie er es so oft gemacht hädd, und schimpfd laut, wenn einer nich de Antwort wußd. Denn wurd er mied, streicheld noch einmal de Tafel und huckd sich annes Pult. Und da is er denn eingeschlafen.

Wie se abends vonnes Feld kamen, fanden se ihm, dem Kopp aufem linken Arm gelegt, und er lächeld zufrieden und glicklich. Er war noch einmal Lehrer gewesen! Wir haben ihm aufem neien Kirchhof neben seine Frau begraben, und das ganze Dorf gab ihm das letzte Geleit, obwohl es in Ströme goß. Alle weinden, denn mit dem guten, alten Herr Lehrer hädden se ihrem Vater verloren, und nu waren se verwaist.

Geplänkel

„Marieche, kommst e bißche runter?
E Weilche bloß, ich wart auf dich."
„E nei, du willst ja doch bloß butschen,
Und mir is gar nich butscherig."
„Ich butsch dir nich, du kannst mir glauben,
Bloß bißche schabbern will ich noch."
„Nei, nei, ich bleib all lieber oben,
Sonst wenn ich komm, denn butschst mir doch."
„Marieche, laß dir doch erweichen
Und komm, ich bang mir rein entzwei."
„Ich kenn dir doch, das sagst du immer.
All lieberst nich! Nei, Fritzche, nei."
„Bloß runterkommen sollst, Marieche,
Mit Butschen hab ich nuscht im Sinn."
„Wirst du mir auch bestimmt nich butschen,
Wenn ich denn wirklich unten bin?"
„Nich einem Butschche will ich haben.
Bloß, daß du mir dem Wunsch erfillst."

„Was soll ich denn noch runterkommen,
Wenn du mir doch nich butschen willst?"

Tante Jule

Jedes Jahr pinktlich am ersten Dezember kam de Tante Jule bei uns, de Frau vom Vatche seinem einzigen Bruder. Der hädd zu Haus nuscht zu sagen, denn de Tante Jule wog knapp zwei Zentner und hädd de Bixen an. Das kriegden wir auch zu spieren, denn se iebernahm gleich am andern Morgen das Regement und kommandierd uns aller rum wie e Feldwebel. Aber de Muttche sagd, se is vor Weihnachten unentbehrlich, und deshalb missden wir kuschen.

Es gab aber auch allerhand zu tun, bis am Weihnachtsbaum de Lichter brannden. Erst wurd e Schwein geschlacht, und wir Jungens hielden uns de Ohren zu, weil wir das Quieken nich heeren wollden. De aufgebratene Gritzwurst schmeckd aber gut. Denn kamen de Gänse ran, und es gab Schwarzsauer mit Keilchen und getrockente Kruschkes. De Schinken vonne Gänse und vonnem Kuigel wurden im Rauch gehongen. Wenn soweit war, ging de Backerei los. Erst Pfeffernisse und Marzepan, und denn große Streiselfladen, Apfelkuchen und Mohnstritzel. Und ieberall wurden wir gebraucht und missden rumhoppsen.

De Tante Jule konnd es nich leiden, wenn wir uns mal e paar Minutchens verpusten taten, gleich gab Dunst. Nich emal abends hädden wir Ruh, wenn wir all bald ieber unsre Fieße fielen. Denn missden wir noch Sternchens mit Silber bepinseln und aus rotes, blaues und grienes Papier Ketten fierem Baum zusammenkleben. De Tante Jule war ieberall und nirgends. Immer tat se so, als wenn se wer weiß was tat, dabei konnd aber das, was se wirklich tat, de Katz unterm Zagel wegtragen.

Daß wir nich einschliefen, wenn all auf zehn ging, erzähld se de dollste Spukgeschichten, bis wir aller rote Ohren kriegden. Wie bei Sinzens de Steppdeck von allein aufgestanden und durch alle Stuben gelaufen war und wie bei Borcherts mitten inne Nacht e großes Bild vonne Wand runterfiel und dem andern Morgen der Onkel Theodor gestorben war. Ganz grausig wurd einem bei das Erzählen, und an Einschlafen war natierlich nich zu denken. Das war es aber gerad, was se erreichen wolld. Wenn einem denn schucherd, daß ihm e Gänsehaut ieberm Puckel lief, denn freid se sich und prahld mit ihre Tapferkeit. Deshalb konnd ich ihr nich leiden, mein Bruder auch nich, und wir simmelierden, wie wir ihr mal orndlich ärgern konnden.

Da fing mit eins an, Steine auße Erd zu frieren. Nu waren wir nich zu halten, auch nich mit Pfeffernisse und Bratäpfel. Im Teich wurd e großer Pfahl eingekloppt und e lange Stang riebergenagelt. Denn holden wir dem Schlittche vonne Lucht runter und banden ihm annes End vonne Stang. Einer huckd sich rauf, und der andre missd drehen. Das war das scheenste Karussell. Aber nach e Weil wurds mir das langweilig, weil immer einer aufem andern angewiesen war. Deshalb beschloß ich, mir selbständig zu machen. Ich wolld mir Schienen unterm rechten Klump nageln zum Schorren. Zwei Sticker dickem Draht hadd ich bald gefunden, de Enden umgebogen und breitgekloppt. Aber wie ich nu dem Draht runternagel, da platzt mit eins der krätsche Klump, wahrscheinlich, weil er verspakt war. Was aber nu? Ich knipfd e Stick Bindfaden rum, wo ich inne Fupp hädd, daß er bei wenigstens e bißche zusammenhield, und schraggeld vorsichtig zu Haus. Schnell rauf aufe Lucht, daß mir keiner sah. Da versteckd ich ihm untre Okel, wo allerhand Gemüll rumlag. Dem heilen stelld ich im Hausflur inne Reih und zog mir Schlorren an. Inne Stub missden wir sowieso Pasorren tragen, da fiel es nich weiter auf. Und dem andern Tag schimpfd ich rum, daß einer meinem Klump genommen hädd. Vleicht wärs auch alles gut gegangen, wenn de Tante Jule nich gewesen wär. Die schlief oben aufe Lucht in e kleines Stubche. Nu ging se rauf und kramd ieberall rum, bis se meinem entzweinen Klump gefunden hädd. Natierlich kriegd ich e anständge Schicht, sehn Se, und das brachd nu de Tonn bei mir zum Ieberlaufen.

Nu war se reif! Nu missd se e orndlichem Denkzettel kriegen! Ich besprach mir mit meinem Bruder. Erst wollden wir ihr e Schissel mit kaltem Wasser innes Bett stellen oder e paar Reisstifte aufem Bettvorleger streien. Aber zuletzt beschlossen wir, ihre Tapferkeit aufe Prob zu stellen, indem daß wir ihr schichern taten. Wir holden e große Bruk außem Keller, machden ihr hohl und schnitten Löcher rein, daß es aussah wie e Gespenstergesicht. Denn klebden wir rotes Papier vore Löcher und stellden e Talglicht rein. Das sah richtig grausig aus. Nu nahm mein Bruder sich e Laken um und stelld sich de Bruk aufem Kopp. So ging er in Tante Jule ihre Stub und machd das Fenster auf.

Es kam, wie es kommen mussd. De Tante ging im Diestern rauf schlafen, und wie se mit eins das Gespenst zu sehen kriegd, kreischd se los. Wie sich nu aber im Gegenzug auch noch das Laken bewegen tat und das Gespenst auf ihr zukam, machd se aufem Absatz kehrt und kam brillend de Trepp runtergesockt. Dabei stolperd se und haud lang hin. Kreideweiß und bibbernd fanden wir ihr unten hukken und sich das Kreiz schobben. In die Aufregung hädd mein Bruder Zeit gehabt, sich iebre zweite Trepp schnell zu verkriemeln, de Bruk inne Dranktonn zu schmeißen und innes Bett zu kriechen. Und wie wir nu aller raufgingen, war vonnem Gespenst nuscht mehr zu sehen.

Meinem Vatche kam die Sach e bißche verdächtig vor, aber er konnd de Tante Jule auch nich leiden, deshalb sagd er zu ihr: „Das kommt bloß von deine dammlige Schauergeschichten. Da hat dir de Einbildung mal e geheerigem Streich gespielt!" Aber se blieb dabei, daß se das Gespenst ganz genau gesehen hädd und daß es auf ihr zugekommen war und ihr bestimmt umgebracht hädd, wenn se nich weggelaufen wär. Und dem andern Morgen wolld se bestimmt abreisen. Wir freiden uns, daß se ihrem Denkzettel weg hädd und daß nuscht rausgekommen war.

Aber Pems kriegd ich doch mittem Siebenzagel, weil ich fier alle Fälle noch e Ieberraschung fiere Tante Jule eingefädelt hädd, wo dem andern Morgen rauskam. Ich hädd ihr nämlich Sirup inne Wuschen geschmiert, daß se mitte Strimpfe kleben blieb, wie se morgens aufstand. Und wie se e paar Schritt machd, haud se wieder lang hin aufes Kreiz, weil ich auch de Sohlen von die Wuschen mit Sirup eingerieben hädd, daß es glitschd wie auf Glatteis. Dem Sirup inne Wuschen konnd se sich nich einbilden, dem konnd jeder sehn, und deshalb kriegd ich meine Schicht. Aber mittags haud de Tante Jule ab, drei Tage vor Weihnachten, und wenn ich auch schlecht aufem Stuhl hucken konnd, glicklich war ich doch, daß se weg war.

Hasenjagd

Was nitzt der scheenste Gallenstein,
Der Reismantismus und der Husten,
Auch wer e Onkel Dokter is,
Muß zwischendurch sich mal verpusten.

Er muß mal weg vom Telefong,
Von Blut, Rezepte und Bakterien,
Von Spritzen, Jod und Krankenschein,
Na kurz und gut, er brauch mal Ferien.

Der eine schosselt aufem Berg,
Der andre greift im Bach Forellen,
Der dritte zockelt anne See
Und amesiert sich mitte Wellen.

Der Dokter Schulz dagegen ließ
Sich gegne Haftpflicht erst versichern,
Denn nahm er seine große Flint
Und fuhr aufs Land de Has'chens schichern.

Doch trieb er, wenn er ballern tat,
De Has'chens nich in Angst und Schrecken,
Und keinem Has'che fiel es ein,
Sich hinterm Kumstkopp zu verstecken.

„Ihr braucht", so riefen se sich zu,
„Wenn knallt, eich nich emal zu bicken,
Es is man bloß der Dokter Schulz,
Der trifft nich, denn er kann nich kicken."

Se hädden recht, und außerdem
War immer seine Brill beschlagen,
Drum konnd er wirklich mit Erfolg
Bloß im Geschäft de Has'chens jagen.

Denn sagd zu Haus sein Korperal,
Sein altes, hutzliges Sophiechen:
„War Zeit, daß der geschossen wurd,
Herr Dokter, denn er tut all riechen." – – –

Nu is er wieder unterwegs
Und kickt mit eins und freit sich mächtig,
Da hinten is e brauner Fleck,
Und der bewegt sich sehr verdächtig.

Es is de Jette Joneleit,
Wo aufes Feld sich tut bemiehen,
Se hat e braunem Kasel an
Und is gerad beim Riebenziehen.

Der Dokter denkt, das is e Has
Und endlich tut das Glick ihm winken,
Drum reißt de Flint er anne Back
Und knallt dem Schrot ihr aufe Schinken.

Da fährt de Jette hoch und denkt,
Bald war vor Schreck se weggeblieben,
Auf ihrem Dups is Schitzenfest,
Und hoppst im Brillens mang e Rieben.

Nu kommt der Dokter angepeest.
„Nur ruhig Blut! Wir wollen hoffen,
Daß es nicht schlimm ist. Dreh dich um
Und zeig mir, wo es hat getroffen."

Und dabei grabbelt er auch all,
Daß nich zu doll de Tränchens fließen,
Sein ganzes Kleingeld auße Fupp,
Dem Schmerz e bißche zu versießen.

De Jettche kickt ihm dusslig an,
Denn tut mit eins der Zorn ihr packen,
Se stemmt de Arme inne Seit,
Ihm ganz geheerig zu besacken:

„Nu stoßt mir aber richtig auf!
Erst mir von hinten rujenieren
Und obendrein, Sie Blubberjahn,
Noch dreck'ge Redensarten fiehren.

Das langt mir nu, Sie Knochenkopp,
Denn Ihnen bring ich jetz im Kittche.
Das fehlt noch, hinten mir besehn,
Und denn emmend wo fier fimf Dittche!"

Aberglauben

Manche Leite sind direkt vom Aberglauben behoppst, und es is denn manchmal sehr schwer, ihnen zu kurieren. So eine war auch de Linche in unserm Dorf zu Haus, die war in diese Hinrichtung wirklich marksdammlich. Ich hädd ihr aufe Straß aufgelesen, ich fand ihr, wie se einem großen Koffer schleppd und ganz bitterlich weinen tat. „Is der Schatz untrei geworden?" fragd ich ihr. „I nei", meind de Linche, „das wär nich das Schlimmste, giebt ja genug andre Kerdels. Ich war in Kunigollen beim Scheppat im Dienst, und der hat mir rausgeschmissen, weil ich seinem Jung das Gesicht zerkratzt hab. Kratzen kann ich gut, sehn Se man meine Nägel an. Der Krät hat auf mir Rinozeroß gesagt. Richtig ausgesprochen hat er es ja nich, aber er hat so dem Mund gestellt, als ob er es sagen wolld , und da hab ich ihm zur Sicherheit mit meine Nägel de Backen behobelt. Und da war aus. Nu such ich e neie Stell, wissen Se nich einem, wo Hilfe brauch?"

Ich wußd zufällig einem, nämlich unserm Funkenfiester Kornatz, – ach so, Se wissen emmend nich mehr, was e Funkenfiester is. Das war der Mann, wo de Schmied hädd und de Kobbels beschlagen tat. Bei dem brachd ich ihr hin, und se wurden auch schnell einig. Der Kornatz hädd gerad gebaut, und nu war der ganze Dreck vonne Handwerkers wegzuraggen, deshalb solld se gleich dableiben. Aber das wolld se fier kein Geld nich. „Heite is Donnerstag, Fleischtag", sagd se, „und wer am Fleischtag dem Dienst antritt, kriegt kranke Hände und Fieße!" Der Kornatz wolld ihr das ausreden und sagd: „Das is doch Aberglauben!" Aber se blieb bei ihr Stick. Da nahm ich ihr fier eine Nacht mit bei uns, aber se missd aufe Lucht im Briehtrog schlafen. Das war ihr egal, Hauptsach, se brauchd erst Freitag beim Kornatz zu gehen.

Kaum war de Linche drei Tage im Dienst, da fing se an zu weinen: „Ieber mir wird innes Dorf schlecht gesprochen", sagd se, „ich hab e Blas aufe Zung." „Aberglauben", sagd der Kornatz. Wie se sich einmal beim Wasserholen beplaukschen tat, meind se: „Sehn Se, das hat einer nu davon. Nu krieg ich e Söffke als Mann!" So ging das bei ihr in eine Tur, jedem Tag hädd se was Neies. Das war ihr auch mittem Harkenstiel und mitte Ofenkrick nich auszutreiben, wenn einer es versucht hädd. Jedes Mal kriegd se zu heeren: „Aberglauben, Aberglauben!"

Das schlug ihr mitte Zeit aufe Plautz, und se faßd dem Entschluß, dem Spieß umzudrehen und sich zu rewangschieren. Einem Mittag gab ihr Leibgericht, gebratene Gritzwurst, und se schluckd und schluckd, als wenn ihr einer jagen tat. „Iß langsam, Linche", sagd de Frau Kornatz, „laß dir Zeit, sonst kriegst e krankem Magen." Da stoppd de Linche noch schnell drei volle Löffel innes Maul und meind triumphierend: „Aberglauben!" Nachmittag mussd se am Wäschepfahl e Nagel einschlagen. Dabei drehd se sich um und unterhield sich mitte Frau Kornatz. „Kick hin, wo du kloppst", sagd die, „daß er nich schief zieht!" Da reckd se sich auf ihrem Tritt inne Heeh, schitteld dem Kopp und meind leitselig: „Aberglauben, alles Aberglauben!" Rietz, haud se sich mittem Hammer aufem Daumen, daß se vom Tritt flog und sich de Hiften bescheiern tat. Und denn wurd der Daumen doppelt so groß, wie er vorher gewesen war. Aber noch hädd se nich genug. Se ie-berfraß sich beim Beiktuwis und mißd beim Dokter gehn. Der verschrieb ihr kleine Pillen, von die solld se jedem Abend zwei Stick einnehmen. „Bloß zwei von die kleine Drecker! Was soll das helfen? Der Dokter is mir scheint e Happche dammlieh!" „Mach man genau, wie er gesagt hat", meind der Kornatz, „sonst is nich gut!" Und wieder sagd se hehnisch: „Aberglauben!" und nahm abends gleich zehn von die Pillen auf einmal. Aber wie se dem andern Morgen inne Kirch ging, es war Sonntag, kam se mit eins kreideweiß rausgestirzt. Se war so in Fahrt, daß se bald de Kistersche umrannd, und brilld: „Wo bleib ich, wo bleib ich?" Mit Miehe, daß se ihr gerad noch auf das barmher-zige Haus'che hinzoddern konnd, sonst hädd es e großes Mallöhr gegeben.

Aber kuriert war se immer noch nich. Wie im Herbst Spülen geschittelt wurden, stoppd se sich dem Bauch rich-tig voll mit die sieße Pflaumchens und trank e Toppche Wasser drauf. „Ei, ei", sagd de Kornatzsche, „wenn das man gut geht! Vor fimf Jahre hat de Frau Bägerau Kirschen gegessen und Wasser getrunken, und inne Nacht wurd se sterbenskrank. Se haben ihr heiße Ziegelsteine aufem Bauch gepackt und ihr mitte Kartätsch bearbeit. Aber ehr daß der Dokter kam und ihr helfen konnd, war se aufge-platzt wie e Rapätschke. Obst und Wasser is sehr gefähr-lich." Da lachd de Linche: „Aberglauben, Aberglauben! Ich weiß schon, was mir gut tut", und trank noch e halbem Stippel Buttermilch. Inne Nacht war es denn passiert. Se stöhnd und brilld: „Ich platz, ich platz!" Kornatzens rann-den rauf aufe Lucht, wo se ihre Kammer hädd, und da lag se wie e Sau inne Bucht. Se war aufgedunst wie e junge Kuh, wo im frischen Klee gewesen is, und in ihrem Bauch hat es gegnurrt und gekwakst und geburbelt. Nu war aber Holland in Not! Se packden ihr aufem Wagen und fuhren ihr im Krankenhaus. Was se da alles mit ihr aufgestellt haben, weiß ich nich. Manche Leite sagden, se hädden ihr dräniert. Jedenfalls war se bald vier Wochen weg, und wie se wiederkam, hädd se endlich Vernunft angenommen, denn se war man bloß noch gerad dem Tod von die Schipp gehoppst.

Irrtum

Zwölf Kinder kriegd der Aschmoneit,
Das hat ihm rein de Luft benommen,
Es scheffeld richtig, jedes Jahr
War immer noch eins zugekommen.

Nu lagen ieberall se rum,
In Körbe, Kisten, Kopp an Koppche,
Im Spind da bälkden zwei bis drei,
Und einer brilld noch aufem Toppche.

So war sein Stubche vollgeproppt
Mit kleine Bälger bis am Balken,
Und seine Hände langden nich,
Umschichtig ihnen zu verwalken.

Doch Pems allein das macht nich satt,
Se wollden trinken, wollden essen,
Zum Glik hadd keine Haare er,
Sonst hädden se ihm kahl gefressen.

De Aschmoneitsche peerzd sich rum
Mit Hemden, Bixen, Jacken, Socken,
De Lein war immer dicht behängt,
De Windeln wurden gar nich trocken.

Es haud nich hin und haud nich her,
Es ging auf Brechen und auf Biegen,
Und da beschloß der Aschmoneit,
Nu is genug mit Kinderkriegen!

Wir huckden draußen vore Tier,
Denn drinnen war nich Platz zum Hucken,
Im Mist vor uns da scharrd e Hahn
Und um ihm rum drei lahme Klucken.

Denn reckd der Hahn de Gurgel hoch
Und wolld mit eins de Hiehner hacken.
Der Fritz, e Jung vom Aschmoneit,
Kickd zu und schobbd sich anne Backen.

Da kam e Entche umme Eck,
Die hädd im Modder wo gesessen.
„Was", sagd ich, „Enten habt ihr auch?
Die Kräten sind doch so verfressen!"

Dadrauf der Fritz: „E Ent? I wo!
Dem kannst als Entche nich verkaufen,
Das is der Storch, der hat sich bloß
Bei uns de Beine abgelaufen."

Unser Kuigel

E fetter Kuigel liegt bei uns im Stall,
Der wird so sachtche an vier Zentner wiegen,
Das is e Prachtstick von besondre Art
Und macht uns Tag fier Tag e Mordsvergniegen.

Er is nich so, wie andre Kuigels sind,
Das hädden bald wir an ihm rausgefunden:
Er sieht so menschlich aus, daß jeder denkt,
Er is mit uns verwandtschaftlich verbunden.

Von Tante Wanda hat er de Figur,
Von diese unausstehliche Kanallje
Wie so e Kreizspinn huckt er inne Eck,
E dicke Heringstonn mit ohne Tallje.

Und Fieße hat er wie der Onkel Fritz,
De reine Stummelchens, is nich zu sagen,
So kurz und dinn, daß einer staunen muß,
Daß die dem Dickbröch ieberhaupt noch tragen.

Nu aber erst der plautz'ge Vierkant-Kopp,
De Hängebacken schleppen längs e Dielen,
Der Schwager August, wie er leibt und lebt,
Das kann e Blinder mittem Krickstock fiehlen.

An jede Seit vom Kopp e Fliegenklatsch,
Warraftgen Gott, mit sone große Ohren
Und breites Maul, wie unser Kuigel hat,
Is auch dem August seine Frau geboren.

Und wenn er seine Lipp nach oben zieht,
Denn sieht genau er aus wie unsre Lene,
Die späte Braut vom Vetter Eberhard,
Die Stupsnas mit die große, gelbe Zähne.

Und denn die Augen, klein und blau und trei
Und samft und weich wie so e Sofakissen,
Die hat er vonne Oma mitgekriegt,
Das sagt se selbst, se muß es ja wohl wissen.

Und weil der Kuigel nu so menschlich is,
In ihm so viel Famielje is versammelt,
Wird vores Schlachten er noch abgetiept
Und eingerahmt und anne Wand gebammelt.

Und August, Wanda, Eberhard und Fritz
Erkennen sich und lächeln still und heiter,
Und haben se de Klumpen aufgesetzt,
Denn leben in dem Kuigelbild se weiter.

Er tut ja fast mit jedem Körperteil
Das traute Lied von die Verwandtschaft singen,
Dem Ringelzagel allerdings, dem konnd
Bis jetz ich wirklich nirgends unterbringen.

Alte Leute

E Stoppelacker bei Stallupönen,
De Erde dampft, und de Nebel ziehn.
Personen: Zwei Pferde, e Bauer beim Pflügen
Und e vornehmer Kurgast direkt aus Berlin.
„Na, alter Herr," … er will ihm was fragen,
Da fährt ihm der Bauer empeert ieberm Mund:
„Ich bin doch man ebend erst siebzig geworden,
Der Deiwel is alt, ich bin jung und gesund!
Bloß de Arbeit fluscht heite nich so wie gewehnlich,
E Hinterfuß vonne Kobbel is lahm,
Und ich hab mir ieberem Vater geärgert,
Weil ich eins von ihm fiere Freß bekam." –
„Ja, ist der Herr Vater denn auch noch am Leben?" –
„Wieso nich? Der wird vierundneinzig nu bald
Und hat mir beschimpft mit Lausebengel
Und denn foorts eins vorem Latz geknallt." –
„Wat hatten Sie denn miteinander zu streiten?
Wurden Schweine verkooft und det Jeld verteilt?" –
„I wo, rein nuscht, ich hädd aus Versehen
Bloß dem Opache seine Schnapsflasch zerkeilt." –
„Det war wohl 'n wertvolles Angedenken?"

„Nei, garnich! E Flasch wie e andere auch,
E ganz gewehnliche Buddel war es,
Mit Fusel drin fierem Opa sein Bauch."
Dem schmeißt sich alles so leicht aufem Magen,
Besonders Wellfleisch und Kumst, das stimmt,
Es tut sich aber auch schnell begeben,
Wenn er immer denn gleich e Schlubberche nimmt." –
„Moment mal! Sie wollen doch nicht behaupten,
Det der Opa auch noch am Leben ist?"
„Natierlich! Der is doch erst hundertzwanzig
Und fittert noch Hiehner und lädt noch Mist." –
„Jetzt wollen Se mir uffet Ärmchen nehmen!
Mein lieber Schwan, der Witz der is jut!
Det können Se mir aber nich verkoofen,
Det der Opa noch lebt und noch schanzen tut." –
„Na denn nich! Se können mir aber glauben,
Ich hab Ihnen nich fier dusslig verkauft,
Se brauchen ja bloß unserm Pfarrer zu fragen,
Der hat ihm nämlich perseenlich getauft!"

Das kranke Bein

„Ja, Ohmche", so sagd der Herr Doktor Krause,
„Nu gehn Se man wieder beruhigt nach Hause,
Ihr Mann muß noch ein paar Wochen liegen,
Denn werden wir das mit dem Bein schon kriegen.
Der Pänexpeller wird eingerieben,
Denn hab ich noch Blutegel aufgeschrieben,
Die muß er nehmen, die kühlen das Blut,
Ein altes Mittel, das tut ihm gut."
„Na joa", sagd de Ohmche, „dat war wi schon moake,
De Hötz mott doch rut ut dä ohle Knoake." –
Am nächsten Morgen um dreiviertelzehn
Missd Ohmche all wieder beim Dokter gehn.
Dem Busen voll Ärger, de Plautz voll Zorn,
So nahm se dem Doktor sich nu aufes Korn:
„Sö häbbe mi doa joa wat Scheenet verschräwe,
Datt hadde Se man missd sölwst erläwe!
Öck häbb se terschnäde, gekoakt on gewellt,
On häbb se dorche Maschien gedrellt.
Öck häbb se paneert on möt Zippel gebroade.
Se weere warraftig ok herrlich geroade.
Doch, denke S', Herr Dokter, he hät se gefräte?
He hät mötte Pann oppem Möst se geschmäte!"

Guter Rat

„Ach weißt", sagt der Emil und nimmt einem Schniefke,
„Wenn achtzig Jahr aufem Puckel hast,
Was sollst da immer noch weiter leben,
Fier dich e Qual, und fier andre e Last."
„Wieso", meint der Ernst, „das bißche Gehuste!
Du haddst doch immer e gute Natur,
Nu tu man nich gleich auße Klumpen kippen,
Probier es doch mal mitte Steinpilzkur!"
„Mit e was?" – „Das will ich dir gleich nu erklären,
Das hilft dir bestimmt, und das is e Genuß:
E *Stein*häger erst, denn e *Pils*ener Bierche
Und e großem Kurfirst als Magenschluß!"

Sien goode Jehann

Dree Joahr hadd Jehann biem Kommöß affgeräte,
Dat kunn he tiedläwens nu nich mehr vergäte.
He deend bie de Schaschkes, doa mußd he marschöre
On scheete on fechte on eskaladöre.
E gooder Soldoat weer he ömmer gewäse,
He wör ook nich domm, he kunn schriewe on läse,
Drom ös de Herr Hauptmann von Breiten gekoame
On hätt dem Jehann als Borsch söck genoame.
Nu wör et to End möttet Exerzöre,
Möt Posteschuwe on Präsentöre,
Möt Gröffekloppe on Stoawedeenstmoake,

136

Nu mußd ferem Hauptmann he Kaffee koake
On kunn, wat weere dat herrliche Tiede,
Dat Peerd vom Herr Hauptmann potze on riede,
De Böxe beegle, de Stäwel schmeere,
He hadd ook all Lost tom Kapitoleere
On freid söck all däg, bloß et wurd nuscht drut,
He mußd tohus, on doa weer et ut. –
Nu sönn bisachtke all väle, lange
On goode on schlechte Joahre vergange,
Jehann obber dreemt, on liggt se ook wiet,
Noch ömmer von siene Soldoatetied.
On eenem Morge doa kreeg he e Breef
Vom Herr von Breiten. De Hauptmann schreew:
„Mein braver Bursche, mein lieber Johann,
Ich bin nun ein alter und kranker Mann,
Doch eh' ich zur großen Armee muß gehen,
Will ich noch einmal Dich wiedersehen.
Drum möcht' ich Dich bitten, komm bald mal hierher,
Das Geld für die Reise, das steckt im Kuvert."
Doa schmeet önne Brost söck ons goode Jehann
On tog siene sinndagsche Böxe an,
Fer Freid hadd he boold dat Göld noch vergäte,
On stoppd önne Lischke söck wat to äte,
Veer Eier on Worscht on e grotem Knust,
Denn reisd he aff, dem Balljett önne Fust.
Wat hät de Herr Hauptmann söck bloß gefreit,
Wie möt eent sien Jehannke nu vär em steiht!
Erscht göfft et e Schnaps on e Glaske Wien,
Denn goahne se rut oppem Hoff, önne Schien.
Ook e Ziehgarr kröggt he önt Mul gestoake,

On de ohle Mamsell dä mott Möddag koake.
Denn deiht he dem Stall on de Peerd besehne,
On dä Ziehgarr, dä krätsche, dä wöll nich tehne.
Toletzt zeigt de Hauptmann, de Ooge voll Troane,
Ein stolz grote Bilder von all siene Oahne,
On deiht em verteile on göfft em to läse,
Wie tapfer se sönd als Soldoate gewäse,
Wieväl se häbbe de Oarme gegäwe,
On wat se häbbe geschafft ön ähr Läwe.
Doa staunt de Jehann on deiht äwerlegge,
He michd em doch ook nu wat Goodet segge,
Et geiht em ditt on datt dorchem Sönn,
Doch wat Vernömftget fallt em nich ön.
Denn hät he möt eent e Gedanke erwöscht,
Dä ward oppe Stell nu ook oppgedöscht:
„Joa, joa, Herr Hauptmann, so ös et öm Läwe,
Wat nutzt allet Steete on Schuwe on Sträwe,
Wat blöwt toletzt von dat Wörge on Renne?
Wie bi e Kartoffel, so ös ook bi Enne:
Wat nuscht mehr daugt, dat Struk, dat steiht boawe,
Dat beste Dehl liggt önne Örd vergroawe."

Aufem Bau

„Herrjeses, Karl, wie siehst du aus?
So elend und so grau!" –
„Ach weißt, es is e Peerzerei
Beim Weller aufem Bau!

Da kriegst zwölf Ziegel aufgepackt,
Und denn von frieh bis spät
E lange, steile Leiter hoch,
Daß dir de Pust vergeht!
Mußt jappsen wie e junger Hund,
Es is e schweres Brot!" –
„Marachel dir man nich entzwei
Und racker dir nicht tot!
Vor allem iß dir orndlich satt
Und halt am Speck dir ran.
Wie lange machst du das nu all?" –
„Ja – morgen fang ich an!"

Nächtliche Schlittenfahrt

Stockdiestere Nacht, und es stiemt und schlackt,
De Pferdchens, die prusten und traben,
De Glockchens klingern, das Schlittche rutscht,
Kein Weg nich zu sehn und kein Graben.
Foorts rein wie im zunen Kartoffelsack,
Kein Mondche nich scheint und kein Sternche,
Bloß links anne Seit vonnem Wallach hängt
E pischriges, blindes Laternche.
Im Schlitten hucken, hibsch fest verpackt,
Da nitzt kein Rucksen und Strecken,
Der erste Herr Lehrer und seine Frau,
Bepummelt mit Pelze und Decken.
Und vorn aufem Bock huckt der Fritz Warstat,

Zu sehn is er nich, bloß zu ahnen,
Der hädd drei Jahre aktiv gedient
Bei die Insterburger Hulanen.
Drum trägt er e Reitbix, bloß ohne Besatz,
Mit e ledernem Riemen zum Liften,
Die huckt wie e Pell umme Leberwurst
Ihm stramm und fest umme Hiften.
Se is sein Stolz, ohne ihr is er nuscht,
Und hängt auch das Schaff voll Hosen,
Er trägt bloß die eine und geht mit ihr
Wahrscheinlich auch nachts inne Posen.
Die Tschapka dagegen, die hädd ihm gekränkt,
Drei Jahr tat die scheiern und dricken,
Drum is aufem Kopp kein Haarche nich mehr,
Bloß e Schorrbahn fier Fliegen und Micken.
Die blänkert und schwitzt, und die ganze Bulljong
Suppt im Sommer ihm runter im Kragen,
Im Winter muß er, sonst friert ihm am Kopp,
E mächtige Pudelmitz tragen. –
Nu huckt aufem Bock er und treimt von die Zeit,
Wo er stolz als Hulan is geritten,
Und wie se an Fenselau's Hohlweg sind,
Da kippt der klabastrige Schlitten.
Es gibt e Rucks, und denn hat er auch all
Mit Schwung aufem Bauch sich geschmissen,
Und dem Fritz Warstat is hinten de Naht
Von die scheene Reitbix gerissen.
Der Lehrer hädd anne Schul grad gedacht,
An Winkel und Kreis und Tangenten,
Nu prusten se aller, dem Schnurgel im Schnee

Und dem Pirzel hoch wie de Enten.
Se wiehlen und grabbeln im Diestern rum
In dem vielen Schnee, in dem nassen.
Da kriegt de Frau Lehrer mit eins zum Glick
Was Warmes und Glattes zu fassen
Und sagt: „Herr Warstatche, verkiehlen sich nich,
Se haben de Mitz verloren!"
Und denn nach e Weilche, empeert und erstaunt:
„Wo haben Se bloß Ihre Ohren?"

Es geht auch andersrum

Erst wolld er immer Krugwirt werden,
Doch denn studierd der Fritz Kerwien
– De Oma hädd das Geld gegeben –
In Königsberg auf Millezien.

Das kostet Kopp und kostet Nerven,
Mit Geld allein is nuscht getan,
Und außerdem sind hundert Gulden
E Tropfche aufem hohlen Zahn.

Wie teier war doch bloß das Leben!
Es reichd nich hin und reichd nich her.
De Stub, das Essen, de Gebiehren …
Zum Trinken blieb denn gar nuscht mehr.

Drum hat er einem Brief geschrieben:
„Geliebte Oma, sei so gut
Und schick mir mehr, Du ahnst ja gar nich,
Was hier so alles kosten tut.

Und denn das Schnipseln an die Leichen
Mit Blut und Eiter und Gestank,
Da hilft bloß Schnaps, sonst wird mir iebel,
Sonst kipp ich um und werd ich krank.

Wär ich man Krugwirt bloß geworden,
Denn wär das Leben halb so schwer,
Ich hab gemacht, wie Du gewollt hast,
Nu hilf mir auch und schick mir mehr!"

So hat geporrt er und geprachert,
Wie er sich quält und nach ihr bangt.
Da hat de Oma, weich geworden,
Noch tiefer inne Fupp gelangt.

Se hädd es fest sich vorgenommen,
Weil se so sehr am Fritzche hing,
Er solld e richt'ger Dokter werden,
Drum schickd se Geld, soviel wie ging.

Und immer tat se ihm vermahnen,
Daß er nich Krugwirt werden soll.
Nu konnd er seine Gurgel schmieren
Und hädd aus eins de Schlorren voll.

Vergessen waren de Semester,
Mit Millezien war nu vorbei.
Er huckd vergniegt in die Destille,
Was scherd ihm noch de Dokterei!

Zuletzt, wie er sich hat besonnen,
Wie alles Geld war durchgebracht,
Hat aufe Loms er ziemlich ginstig
E kleine Krugstub sich gepacht.

De Oma hat sich däg verschrocken,
Se kratzd am Ohr und schobbd am Kinn,
Denn packd se ihre Siebensachen
Und zog bei ihrem Fritzche hin.

Da tat se fleißig Gläser spielen
Und is vor nusch zurickgezoppt,
Denn nebenbei hat se dem Fritzche
Bekocht, betuddert und bestoppt.

Denn is de Inflatzjohn gekommen,
So pöh a pöh, nach zwei, drei Jahr,
Die machd ihr nuscht, weil zum „Flatzjohnen"
Auch nich e Dittche iebrig war.

„Siehst," sagd der Fritz, „die armen Leite,
Nu sind se aller aufgeregt,
Sonst wär dein Geld jetzt auch im Eimer,
Nu is es richtig angelegt.

Ich wolld all immer Krugwirt werden,
Das weißt du ja, ich hädd doch recht,
Was soll ich nach die Sterne greifen,
E guter Krug is auch nich schlecht!"

Na denn prost!

Gläser giebt es viele Sorten,
Fier Ponarther, fier Meschkinnis,
Aus die leeren muß de Luft raus,
Aus die vollen das, was drin is!
   Prost!

Wenn di moal de Hoawer spöckt,
Wenn di moal de Moage dröckt,
Wenn du Ärger häst on Sorge,
Loat dem ganze Schiet böt morge,
Hiede sup di eenem an,
Dat di nuscht passeere kann.
   Prost!

Wem öfters mal de Gurgel juckt,
Wer öfters anne Theke huckt,
Wer achtzig Jahre saufen kann,
Der wird bestimmt e alter Mann.
   Prost!

He sorgt vär

Ons Emil dat weer e karäsiger Jung
Möt e breedet Muul on e spötze Tung.
Moal wurd he önt Krankehuus rönnergestoake,
He hadd söck nich wo e Knoake gebroake,
E dodgem Voß hadd he angereehrt,
Dä weer nich geschoate, dä weer krepeert.
Doa keem de Kreisphysikus oawends om acht
On kratzd söck dem Kopp on säd: „Tollwutverdacht!"

On wie öm Schmolttopp e prachrige Luus,
So keem ons Emil önt Krankehuus.
Doa kreeg he e groote Sprötz möt Göfft,
Nu liggt he öm Bedd on schröfft on schröfft. –
Öndes kömmt de Dokter on sitt em doa schriewe
On denkt, he wöll söck de Tied verdriewe.
Drom seggt he: „Jetzt mußt du schön ruhig liegen,

Sonst mußt du noch eine Spritze kriegen!"
Doadropp ons Emil: „Öck wöll bloß noch weete,
Wie Sö möttem röchtige Noame heete.
Denn gnarr öck nich on denn ligg öck ook stöll,
Öck schriew mi bloß opp, wem öck biete wöll."

Der vornehme Hund

Se kam aus Gaitzuhnen, die neie Mergell,
Das war in zwei Jahr all de siebente Stell.
Se taten ihr bloß ieberall kujenieren,
Nu wolld se de achte, de letzte probieren.
Wenn die nu nich hinhaud, denn hädd se es satt,
Denn wolld se partuh und durchaus inne Stadt. –
So war se nu morgens um sieben gekommen
Und hädd erst e bißche was zu sich genommen,
Nachdem se de Finger sich warm hädd gepust,
Dreimal ummes Brot und dazu einem Knust,
Mit Butter und Lebenswurst orndlich beschmiert,
Denn hädd se e großes Stick Wellfleisch probiert,
Es war ihr zu schad, daß es konnd wo versauern.
Nu tat auf e Happche Kleinmittag se lauern,
Und wenn se sich das innern Bauch hadd gestochen,
Denn missden ja auch de Kartoffel bald kochen.
So huckd se karäsig am Tisch inne Kich
Und dachd: ,Das gefällt mir, das is was fier mich!'
Vleicht hädd se auch noch bis Nachmittag gesessen,
Bloß da brachd de Frau fierem Hund was zu fressen.
„Emilie", so sagd se, „nu mußt dir erheben
Und hier diese Schiew voll dem Herkules geben!"
Was solld se nu machen, die arme Mergell!
Se hob vonnem Stuhl ihrem Fahrgestell
Und ging aufem Hof raus, de Schiew inne Hand,
Und suchd, bis am Schweinstall de Hundsbud se fand.
Erst dachd se, der Hund hädd sich losgestriffen
Und war ieberm Zaun bei die Braut ausgekniffen,

Doch er lag inne Bud und glupd tickisch ihr an,
Drum ging se man sachtche am Herkules ran
Und dachd: ‚Wat ös dä bloß ful onn domm!'
Und sagt immer: „Kules, mein Kules'che, komm!"
Das heerd nu der Herr und fing foorts an zu lachen:
„Emilie, was sind das fier komische Sachen!
Du hast doch e Mundwerk und kannst mir doch fragen,
Du mußt auf dem Hundche doch Herkules sagen!"
Da kickd de Emilie ihm dreidammlich an:
„Wat eenem nich alles passeere kann!
Man dat war öck mi doch sehr äwerlegge,
Opp däm plieroogsche Krät ok noch Herr to segge!"

Wortgefecht

Ich traf anne Milltonn auf nichternem Magen
Zwei Weiber, die hädden sich schwer inne Woll.
Se kreischden und brillden, die Bestien, die wilden,
Und was ich da heerd, das war doller wie doll:
„Du schielaugsche Saddrach, du zoddrige Zippel,
Du prachrige Schlorr, du, du alte Krabutt!"
Und denn foorts de andre: „Du brastige Kachel,
Du schlampige Flirr, du, du dusslige Schutt!"
Und wieder de erste: „Du mieriges Kodder,
Verbeilte Kastroll du, halt bloß deine Lipp!"
Und wieder de zweite: „Du Stobbenkoppsche,
Du jachrige Koss du, du schlunzige Zibb!"
Noch einmal de erste: „Du doowe Zachudel,

Du schosslige Kobbel, du o'beinsche Null!"
De zweite: „Du Dranktonn, du mieße Fijuchel,
Du mannsdolle Fludder, verlauste Rachull!"
Nu mengd ich mir zwischen, mir war von das Keifen
Warraftig vor Augen all blau nu und grien.
Da zwitscherd de eine: „Wir tun ja bloß ieben!"
De andre: „Wir haben am Freitag Termin!"

Alles um die Dittchens

Wer immer bloßig aufem Geldsack huckt,
Wer keinem Schnaps sich gönnt und keinem Schniefke,
Wer nuscht wie ramschen und rachullern tut,
Der is und bleibt fier uns e richt'ger Gniefke.

Eh'r daß er wo e Dittche mal riskiert,
Anstatt dem ganzen Tag im Geld zu wiehlen,
Dreht er ihm, daß dem Dittche schwindlig wird
Und drickt ihm platt und sich am Daumen Schwielen.

Er hungert, daß ihm rein de Schwarte knackt
Und daß de Rippen durches Hemd ihm kicken,
Das is eingal! Wenn auch der Magen knurrt,
Er konnd all wieder mal e Mark bedricken.

Die hat e halbe Stund er sich bekickt
Und tat se denn im alten Sock verwahren.
Am liebsten hoppsd er bloß auf einem Bein,
Was könnd er dabei Geld fier Sohlen sparen!

Gesicht und Hände rubbelt er mit Sand
Und tut mit Spucke sich de Stiefel putzen,
Mit Pappe nagelt er dem Spiegel zu
Bloß, um ihm nich unneetig abzunutzen.

Im Sommer rennt er ohne Socken rum,
Das giebt denn große Blasen anne Hacken,
Im Winter spart er Holz, denn hubbert ihm,
Denn hat er rote Händ und blaue Backen.

Daß einer ihm womeeglich mal beklaut,
Is dauernd seine greeßte Angst im stillen,
Und wenn der Geiz noch weh tat, mechd bestimmt
Von morgens frieh bis abends spät er brillen.

So lebt der Gniefke schlechter wie e Hund,
Nei, so e Leben könnd mir nich behagen.
Ich muß e Ziehgarr haben ins Gesicht
Und auch mal einem durche Gurgel jagen!

Goot angeleggt

„Nä sowat, Frötz, ös dat e Glöck,
Mi wart et koolt on heet,
Warraftig, joa, mi schient, doa liggt
E Gille värre Feet!" –
„Du böst e röchtget Sinndagskind,
Nu segg mi bloß, Johann
Wat moak wi möt dat väle Göld,
Wat fang wi doamöt an?" –
„Dat väle Göld? Du böst verröckt,
Dat moakt mi keine Not,
Fär näge Dittkes keep wir Schnaps,
Fär eenem keep wi Brot." –
„Mi schient, dat fallt di goarnich op,
Du geihst bestömmt boold dot,
Segg bloß, du ohler Dammelskopp,
Wat wöllst möt soväl Brot?"

De beste Millezien

Se hieß Karline Plimpereit
Und war so dammlich, wie se lang war,
Die hädd sich was im Kopp gesetzt:
Ihr war nich wohl, wenn se nich krank war.
Rein nuscht tat se dem ganzen Tag,
Wie wuien bloß und sich bedauern
Und voller Sehnsucht spät und frieh

Auf jede neie Krankheit lauern.
Des Morgens hädd se es im Hals,
Des Mittags spierd se es im Ricken,
Nachmittags kullerd es im Bauch,
Und abends tat im Kopp es spicken.
Des Nachts da fand se keinem Schlaf,
Und alle Naslang missd se husten,
Und wenn se mal e Endche ging,
Denn missd se sich e Stund verpusten.
De Schieblad hädd se vollgepremst
Mit Nerventee und Abfiehrpillen,
Wie Kraut und Rieben lagen da
Tablettchens, Tropfen und Pastillen.
Denn was se inne Zeitung fand,
Das tat se alles ausprobieren,
Und zwischendurch bestrahld se sich
Und ließ sich oft das Kreiz massieren.
Se rieb sich ein mit Rindertalg,
Die arme, kranke Karoline,
Auch Weizenkeimöl nahm se ein
Und fuffzehn Sorten Vitamine.
Kein Dokter half, kein Krankenhaus,
Sogar e Wunderkur versagte,
Es war, als wenn e beeser Wurm
An ihrem Lebensfaden gnagte.
Er gnagte auch am Portmanneeh
Und ließ de Dittchens nich verrosten,
Je wen'ger daß er taugen tat,
Je mehr tat meist der Plunder kosten.
Da kam der Dokter Schipporeit

Und hat ihr schwer Bescheid gestoßen
Und ganz geheerig ausgestiebt.
Am meisten aber tat ihr boßen,
Wie er de Schieblad hat entdeckt.
Die hat er einfach rausgerissen,
Dem ganzen Dreck denn umgestilpt
Und alles aufem Mist geschmissen.
Nu war vorbei mit Millezien,
Nu kriegd se, was se längst missd haben,
E großem Spaten inne Hand,
Mit dem missd se im Garten graben.
Das tat ihr gut, so daß se nu
All wieder freehlich, frisch und rund is,
Am dollsten aber ärgert ihr,
Daß se nu leider ganz gesund is.

Der Liebestrank

De alte Frau Gramattke war
Mit Siebensinn gesegent.
Am Dienstagabend wußd se all,
Daß Freitag morgen regent.
Se konnd besprechen, und es half
Bei Menschen und bei Tiere,
Dem Reismantismus kriegd se weg
Und Warzen und Geschwiere.
Se las de Zukunft auße Hand
Und konnd auch Karten legen,

Auch was e Traum bedeiten tat,
Das wußd se allerwegen.
Drum kam de Lies'che Kankeleit
Bei ihr mit ihre Schmerzen,
Das war e ganz besondrer Fall,
Es huckd bei ihr im Herzen.
Se liebd dem August Baltruschat
Und spickelierd: „Warum nich?"
Er war e Kerdel wie e Baum,
Doch hädd er keinem Mumm nich.
Dem August seine Schichternheit
War wirklich rein zum Lachen,
Drum wolld se ihm mal unterm Dups
E bißche Feier machen. –
De Frau Gramattke simmeliert:
„Du mußt e Mark mir geben,
Denn koch ich dir e Liebestrank,
Das wird ihm foorts beleben.
Denn wird mit sieße Wörters er
Dir immerzu umschmeicheln,
Emmend sogar, wenn keiner sieht,
Dir iebre Backen streicheln. –
„Mehr nich?" „Ja, wenn du zwei Mark giebst,
Koch ich ihm bißche stärker,
Denn drickt er fest dir an sein Herz,
Bloß, wie gesagt – zwei Märker!" –
„Nu, is egal, ich geb dir drei!" –
„Ja, denn wird er dir butschen
Und abends vore Hausentier
Das Maulche dir belutschen."

„Weißt", sagd de Lies'che, „ich hab mir
So lang all missd gedulden,
Drum koch mir man zur Sicherheit
Gleich einem fier fimf Gulden."

Preisgekrönt

De Tante Frieda hädd e kleines Tierche,
Das machd wau-wau und miefd und heerd auf Fritz,
Das war kein Hund, das war e Kreizworträtsel,
Kein Moppel nich, kein Pudel und kein Spitz.

Rein garnuscht wie e Handvoll schwarze Zoddern,
Kein Zagel nich, kein Koppche und kein Ohr.
Bloß wenn er im Salong e Bein tat heben,
Denn kam er einem wie e Hundche vor.

Das dirfd er, denn er war e preisgekrönter,
Der Nutscherche! Gewiß, er war man klein
Und ging bequem, auch wenn er hädd gefressen,
In Tante Frieda ihre Handtasch rein.

Er hädd es aber in sich mang de Zoddern,
Er war beriehmt, er war e Seltenheit,
Mit Theo Lingen stand er inne Zeitung
Und mit Hans Moser auf dieselbe Seit'.

Das hädd de Tante Frieda gut befingert,
Bei eine Rassenschau ihm angemeldt,
Wie sich geheert, mit Stammbaum und Gebiehren,
Und denn ihm hingeschleppt und ausgestellt.

Dreimal huckd er fier nuscht dort aufem Teller,
Doch denn mit eins hädd endlich es geklappt:
Er hädd e große Wurst und fuffzig Gulden,
Mit einem Wort – dem ersten Preis geschnappt.

Nu war vor Stolz se rein wie auße Socken,
Es stieg ihr foorts im Kopp, ihr schwoll de Brust,
Drum hat se reichlich Balderjahn genommen,
Sonst hädd se inne Klinik reingemußt.

Doch knapp hädd se so sachtche sich erkubert,
Kaum hädd es sich begeben und gelegt,
Da fingen aller an, dem Fritz zu zergen,
Das hat ihr doll geboßt und aufgeregt.

Was kriegd de Tante Frieda bloß zu heeren!
Wie haben se dem Fritzche titteliert!
Mit Zodderklops, Karduppel und mit Miefke,
Das hat ihr bis zu Tränen bald geriehrt.

Ihr preisgekrönter Fritz, ihr Stolz, ihr Leben,
Wo keinem nuscht nich tat und keinem biß!
Zuletzt wolld noch e kleiner Schnodder wissen,
Wo bei dem Hundche vorn und hinten is.

Das war zu viel, das durfd bestimmt nich kommen,
Drum kriegd se foorts e rotem Kopp vor Wut:
„Na, paß doch auf, du dussliger Lachudder,
Auf welchem End das Hundche bellen tut."

Sonntagsnachmittagsausgehidyll

Eine eheliche Szene mit vertauschten Rollen, „er" spricht,
„sie" schweigt.

Kodder dir man orndlich an,
Aber näl nich, halt dir ran,
Zieh die wollnen Hanschkes auf,
Außem Schaff dem Filzhut rauf,
Sput dir, mach de Bluse zu,
Nimm de breiten Knöppelschuh
Mit die Schnabelspitzen.

Neies Hälsche bind ich um,
Dreh dir doch nich so viel rum,
Pust dem Staub vom Strohhut weg,
Ach – das is ja Fliegen – schmutz!
Nimm im Taschentuch Parfäng,
Menschenskind, hast du e Täng!
Gib de Haarpomade!

Wie sieht deine Tuntel aus,
Laß dem Schnupfen bloß zu Haus,
Knöpfel mir dem Kragen zu,
Wart, ich wichs mir selbst de Schuh.
Mach bloß, daß du fertig wirst,
Gib mir schnell de Kleiderbirst,
Sput dir, näl nich immer!

Mußt nich so schlabaksig gehn,
Denk, daß dir de Leite sehn.
Schlacker nich so mitte Händ,
Sonst verlierst se noch emmend.
Tret nich in dem Modder rein,
So, nu hak dir orndlich ein,
Kick nich so nach unten!

Gehn wir innern Minzpalast!
Wenn de nötgen Dittchen hast,
Kannst dir setzen im Parkwett,
Aufem Sessel wie im Bett!
Sei bloß nich so knickrig heit,
Denk bloß, mang die viele Leit
Könntst Bekannte treffen!

Kick, der kaut noch Malzbonbong!
Dort im zweiten Sitzperron
Knastert Pergamentpapier!
Ober, mich e Tulpche Bier!
Gib mir dem Programm mal her:
„Treie Lieb' auf hohem Meer",
Drama in vier Aktien.

Stockediester wird der Saal,
Halt dem Mund jetz endlich mal,
Denn jetz geht der Drama los,
Falt' de Hände innern Schoß,
Paß jetz auf und kick gut hin,
Sonst verstehst du nich dem Sinn
Und verlierst dem Faden!

Mensch, im Kientopp plinst man nich,
Sowas is ja lächerlich,
Nei, wir bleiben bis zu End,
Kick bloß, wie das Wasser rennt,
Meine Augen tun mir weh,
Halt bloß fest das Portmanneh,
Laß dir bloß nich kitzeln!

Das Geschubbs und das Gedräng!
Nei, der Ausgang is zu eng!
Au, wer tritt mir aufem Zeh?
Schön war doch die wilde See
Und die Treie bis zum Tod
In dem kleinen Rettungsboot!
Bloß die zwei Mark fuffzig!! –

Ein Rückenakt

Es waren zwei Bauern aus Niedersachsen,
Die wußden nuscht Besseres anzufangen,
Drum haben se jeder einsfuffzig riskiert
Und sind inne Kunstausstellung gegangen.

Ostpreißische Malers hädden dort
Dreihundert Bilderchen aufgebammelt,
Und zum Bekicken hädden sich nu
So an die fimf, sechs Menschen versammelt.

Da hing auch e Bild von e druggliche Frau,
Von hinten gemalen und splitternackt,
Wie der liebe Gottche geschaffen se hädd,
Na kurz: E weiblicher Rickenakt.

Die beide die haben sich das beschmunzelt:
„Warum nur von hinten, warum nicht von vorn?"
So haben se erst ihre Witzchens gerissen,
Doch denn packd dem einen e heiliger Zorn:

„Flüchtlinge! Siehst du, was willst da noch sagen,
Nicht zu begreifen und nicht zu fassen!
Kein Tuch, kein Hut, kein Hemd auf dem Hintern,
Aber se müssen sich malen lassen!"

Das kommt davon

Wer als Student mit Mut und Kraft
Am Busen vonne Wissenschaft
Dem ganzen Tag de Weisheit suckelt,
Des Abends gern am Tulpche nuckelt,
Was sicher keiner ihm veriebelt.
Der Grips, wo dauernd wird gezwiebelt,
Der muß auch gut befeuchtet sein,
Sonst wird er mied und trockent ein.
Drum kluckert, wo Studentchens sind,
Auch reichlich Bierche hintre Bind.
Das is doch klar, und diese Regel
Galt auch in Königsberg am Pregel.
In diese Stadt, der Welt bekannt
Durch Marzepan und Fleck und Schmand,
Konnt'st vor Studentchens kaum noch kicken,
Da schwärmden rum se wie de Micken
Und gossen Maitrank und Machandel
Und große Bierchens hintre Mandel.
Reihum wurd das so durchprobiert
Und, wenn noch Zeit war, auch studiert.
Da kam der Fritz Parplies aus Krucken,
Dem tat aus eins de Gurgel jucken.
Drum machd er das Befeuchten grindlich,
Erst täglich man, doch später stindlich.
So kam es, daß im ganzen Jahr
Er kaum drei Tage nichtern war.
So steht er einmal frieh am Morgen
Am offnen Fenster voller Sorgen,

Dem Zeigefinger inne Gurgel
Und murchelt rum, weil das Gewurzel
Ihm, denn er is bis oben voll,
Nu meeglichst schnell erleichtern soll.
Da, endlich hat er es geschafft,
Im hohen Bogen spritzt der Saft
Nach unten, wo Professor Driest
Gerad de Morgenluft genießt.
Er is gemietlich und versehnlich,
Doch das erscheint ihm ungewehnlich,
Daß einer seinem scheenen Hut
So rein fier nuscht bekleckern tut,
Dazu de Schultern und dem Ricken,
Drum tut er schnell nach oben kicken
Und sieht dem Fritz und brascht ihm an,
Wie er bloß sowas machen kann!
„Ja", rulpst der Fritz, und hoch im Bogen
Kommt wieder so e Schwauks geflogen,
„Wie kommen Sie, wie kann das sein,
Bloß hier in meinem Eimer rein?!"

Mang Sonne, Sand und See

Wenn der Mensch, wo sonst nich kann,
Plötzlich kommt am Sonntag ran,
Sagt er zu die Stadt adjeh,
Schniffelt innes Portmanneeh,
Spuckt dem letzten Dittche aus

Und karjolt nach Rauschen raus,
Wo de Sonnche freehlich prickelt,
Wo er sich im Laken wickelt,
Wo Mergellens, dick und dinn,
Plaukschen innes Wasser rin,
Wo se, um sich abzukiehlen,
Mächtig mang e Wellen wiehlen.
Dabei spielen se dem Dreck
Von die ganze Woche weg.
Und die krätsche Bengels kommen
Unter Wasser angeschwommen,
Grapschen die Mergell am Bein,
Ducken mittem Kopp ihr ein,
Daß se juchen, kreischen, prusten,
Sich verschlucken foorts und husten.
Und am Strand im heißen Sand
Tut sich auch so allerhand,
Denn in Rauschen giebt nich nur
Einem Busen der Natur,
Nei, hier findt der Mensch zum Schmusen
Noch e Haufen andre Busen.
Stecken auch de Badenixen,
Meistenteils in bunte Bixen,
Was der Mensch da ahnt und sieht,
Das erfreiet sein Gemiet.
Muttche zoddert ans Korsett,
Iebre Backen rennt das Fett,
Denn nu wird se ausgebraten.
Paulche schaufelt mittem Spaten
Heißem Sand ihr aufem Bauch,

Und zu acheln giebt es auch,
Denn mit eins und mittem Hopps
Rollt im Sand e kalter Klops.
Vatche treimt von helles Bier,
Hädd er bloß e Tulpche hier!
Wenn de Sonnenstrahlen pieken,
Soll er auch noch mensendieken!
Lola peerscht mit ihre Hiften,
Wird es schummrig, geht se stiften,
Denn se muß mal inne Dünen,
Was is dabei bloß zu grienen!
Abends kommen denn de Micken,
Denn muß einer sich verdricken,
Weil se stechen glupsch und dreist,
Daß dir nich zu helfen weißt.
Drum wird schnell sich angepellt,
Nich um alles inne Welt
Bleibt hier einer noch e Stundche,
Es geht los mit Kind und Hundche,
Wo all ganz bedeppert stand,
Weil es keinem Baum nich fand.
Muttche pust und stampft voran,
Vatche, dafier is er Mann,
Hat dem Brassel aufgepuckelt,
Paulche, wo am Daumen suckelt,
Kriegt e großem Luftballong,
Lola bleibt zur Reünjong. –
Vollgepremst steht all der Zug,
Nu is wirklich bald genug!
Einer tut am andern kleben,

Manche hängen, manche schweben,
Manche kriegen auch zu hucken,
Aller tut der Puckel jucken,
Jeder schobbt an jedes Stellche,
Und e druggliches Mergellche
Endlich geht der Zug nu los! –
Huckt beim Vatche aufem Schoß.
Dabei fiehlt er ganz gewiß,
Daß es nich de Muttche is.
Und der Zug rumort und ruckelt,
Wie er durche Gegend juckelt.
Und er ruckelt immer mehr,
Und dem Vatche freit das sehr! – –
„Sowas nennt sich nu Vergniegen!
Keine zwanzig Pferde kriegen
Mich noch mal nach Rauschen raus!"
Sagt de Muttche denn zu Haus.
Aber kommt der Sonntag ran,
Kickt se sich dem Himmel an.
„Ob das Wetter sich wohl hält?"
Vatche, hast noch bißche Geld?
Stilp mal um dein Portmanneeh!
Los, wir fahren anne See!

Zwei Hosen

Es war im Juni. Schwer hing inne Luft
Der Duft von Flieder und Rosen,
Und außerdem hingen im Wind aufe Lein'
Zwei frisch gewaschene Hosen.

Das war nich schlimm, bloß, genauer bekickt,
War es doch e bißche verfänglich:
Die eine war kurz und aus rosa Satäng,
Die andere griesgrau und länglich.

Nu missden se, durche Maschien gedreht,
Man erst auf zu Haus sich besinnen:
Das Hos'che, das stammd aus Hildesheim,
Die Hos, die war aus Gumbinnen.

Da pusd das Hos'che sich auch all auf
Und kriegd direkt rundliche Backen,
Es runzeld dem Bund und fing foorts an,
Die griesgraue Hos zu besacken:

„Du plumper Kerl aus der Pollackei,
Sofort hast du hier zu verschwinden!
Dein Anblick allein, das merkst du wohl nicht,
Beleidigt mein zartes Empfinden!"

Das fuhr die Gumbinner Hos im Gebein,
Und denn, mit Boß nu geladen,
Hold tief se von unten erst orndlich Luft
Und knalld empeert mitte Waden.

„Nu heer bloß auf, du alte Kastroll,
Hier große Bogen zu spucken,
Sonst klatsch ich dir eins aufe Karmenad,
Denn kannst vier Wochen nich hucken!"

Das saß! Doch das Hos'che aus rosa Satäng,
Das tat nich weinen und jammern,
Es wolld bloß weg von dem graurigen Kerl
Und zodderd und rucksd anne Klammern.

Doch wie das Hos'che aus Hildesheim
Sich placken nu tat und zerracken,
Da kehrd de Hos aus Gumbinnen sich um
Und griend ieber sämtliche Backen.

Da kam e karäsiger Wind umme Eck
Und klatschd die zwei Hosen zusammen,
So daß se mit eins nu – wer hädd das gedacht!
In Wonne und Seligkeit schwammen.

Vereinigt fier immer, so hielden se
Sich fest und eng nu umschlungen,
Und was vorher völlig unmöglich schien,
Das hädd nu – e Windstoß vollbrungen!

Dichter-Selbstgespräch

Lieblich war die Maiennacht,
Silberwölklein flogen,
Ob der holden Frühlingspracht
Leise hingezogen – – –

Heert sich gar nich dammlich an!
Wirkt wie Hoffmannstropfen,
Dicke Milch mit Balderjahn
Oder Kumst mit Kropfen.

Das is rein wie Gänseschmalz
Fier der rauhen Kehle,
Maigefiehl mit Zungenschlag,
Haaröl fier der Seele.

Wenn so richtig dieser Vers
Mang der Seele seiselt,
Fiehlt wie mit Kartoffelmehl
Sie sich rein bestreiselt.

So tat frieher einer all
Von die Nacht berichten,
Aber das is garnuscht nicht,
Nu wer ich mal dichten!

… Lieblich war die Maiennacht …
Nei, das is so ähnlich,
Und so ähnlich dicht ich nich,
Das is zu geweehnlich!

Ich muß aufe andre Nacht
Noch beis Dichten kommen,
Bloß die beste hat der Krät
Mir all weggenommen.

Aber das is auch nich schlimm
Nei, ich laß' ihm seinem,
Nächte gibt ja rein wie Mist,
Viel zu viel fier einem.

Lieblich war die Januarnacht!
Lieblich war die Februarnacht!
Lieblich war die Aprilnacht!
Lieblich war die Augustnacht!

Ach, was soll ich mir so zerrebbeln! – Lieblich waren alle Nächte! Fertig! – Nu könnt,
ihr eich aussuchen!

Aber nu die zweite Reih:
„Silberwölklein flogen;"
Wie er nu de Mainacht hat,
Spuckt er große Bogen.

Kunststick, wo die Wolkchens ihm
So zus Dichten lockden,
Aber wart man! Sagen wir:
„Goldne Wolkchens sockden!"

Das is richtig mit Gefiehl,
Socken, Gold und Wolken,
Bloß nu hab' ich meinem Grips
Ziemlich ausgemolken.

„Ob die holde Friehlingspracht"
Mich nu noch wird glicken?
Nei, nu wer ich lieberst all
Miede mir verdricken.

An die schwere Dichterei
Hab' ich mir verhoben,
Lieberst hack' ich Kichenholz,
Lieberst säg' ich Kloben!

Denn zerrackert fiehl' ich mir
Wirklich ungelogen,
Zu mein weiches Himmelbett
„Leise hingezogen. – – –"

Winterstimmung

Wenn die weiße Flockens runtertorkeln
Und der Welt verfärben wo sonst grien,
Kriegen alle Menschen nasse Fieße,
Weil die durchne Schuhe Wasser ziehn.

Freehlich liegt der Schnee in alle Straßen,
Einer geht rein wie auf Fladenteig,
Wird er aber denn zu viel betrampelt,
Werden Humpels auf em Birgersteig.

Viele Birgers keiweln auf der Erde,
Weihnachtslieder spielt der Leiermann,
Und der Sperling wiehlt nach seine Aeppel,
Wo er gar nich orndlich finden kann.

Wässrig fließt der Schnee denn in die Gullies,
Und die Birgers sind sehr doll betriebt,
Weil die Humpels erst bereinigt werden
Denn, wenn nuscht mehr zu berein'gen gibt.

Menchsmal bleiben auch die Humpels leben,
Wenn se auch all weich sind, molsch und feicht,
Tun se foorts von neiem sich zerkubern,
Weil mit eins der Barometer steigt.

Denn beginnt das Schliddern und das Glutschen
Wo mit Gummischuhe leicht passiert,
Wo getragen werden, bloß daß einer
Die entzweine Sohlen nich verliert.

Und daß einer, weil se orndlich blänkern,
Mit die teire Schuhkrem sparen kann,
Daderwegen ziehen manche Menschen
Auch im Sommer Gummischuhe an.

Und die Kinders schorren längs die Teiche,
Und die Schlittens klingern laut und klar,
Und die angefrorne Beilen jucken
Rein wie dammlich vonnes vorgte Jahr.

Und die Stubens sind nich zu zerheizen,
Weil es aasig durche Fenster zieht,
Nei, wie scheen is doch e strenger Winter,
Und wie sehr erfreit er dem Gemiet.

So kann einer in die Verse lesen,
Wo verloren hat der Pegasus,
Aber lass' die Dichters ruhig quasseln,
Ich bin ganz verklamt, drum is nu Schluß!

Mein Traum

Ich hab getreimt, ich war e Pogg,
Wo umme Eck kann kicken.
Ich huckd im Modder innern Teich
Und grapschd mir fette Micken.

Die burrden umme Nas mir rum,
Das konnd ich nich vertragen,
Drum schickd ich ihnen durchem Schlung
In meinem Poggenmagen.

Nu war mein Bauch bald dick und rund
Wie so e kleines Tonnche,
Drum hoppsd ich außem Modder raus
Und huckd mir innes Sonnche.

Ich konnd ihr richtig durches Fell
Bis inne Därmels spieren.
Was hat e kleiner Pogg doch gut,
Was kann dem all passieren!

Er brauch nich inne Schul zu gehn,
Er brauch sich nich zu bicken,
Ihm drickt kein Kummer aufe Brust,
Kein Pungel aufem Ricken.

Er wird niemals nich rewendiert,
Beklatscht, beschubst, belogen,
Er brauch kein Hemd, kein Bett, kein Haus
Und keinem Fragebogen.

Was kimmert ihm de Pollezei
Und de Geburtstagsfeier!
Was weiß der Pogg vom Amtsgericht
Und vonne Umsatzsteier! –

So simmelierd im Traum ich rum.
Was kann es Scheenres geben?
Ach, könndst e Pogg fier immer sein,
Wie herrlich wär das Leben!

Da kam e großer Adebar,
Da missd ich foorts mir ducken,
Blutrinstig kickd er ieberall,
Ob wo e Pogg meeg hucken.

Drum missd ich hoch und nuscht wie weg,
Nu dirfd ich mir nich schonen,
Verzweifelt hoppsd ich durchem Gras
Und iebre Anemonen.

Ich sockd, de Klumpen inne Hand,
Wie dammlich durche Auen
Und dachd: Und wenn de Schwindsucht kriegst,
Du läßt dir nich verdauen!

Doch immer dichter kam er ran
Und dachd, er hadd gewonnen,
Da kroch ich durch e Maschenzaun
Und war dem Krät entronnen.

Nu stand er wie e Dummer da
Und konnd nich rieberspringen,
Ich aber quarrd dem scheenen Spruch
Vom Götz von Berlichingen.

Dreimal! – Denn kam e kleiner Gnoss
Foorts iebern Zaun gestiegen,
Der sperrd mir im Scheleetopp ein
Und gab mir tote Fliegen.

Von oben band dem Topp er zu
Mit einem griesen Kodder.
Nu huckd ich traurig inne Eck
Und dachd an Teich und Modder. – –

Denn wachd ich endlich wieder auf,
Es war all gegen Morgen,
Und wußd nu: Auch e kleiner Pogg
Hat manchmal große Sorgen!

Ob Laus, ob Kuh, ob Elefant,
Ob Mensch, – es nitzt kein Klagen,
E jeder hat auf diese Welt
Sein Pungelche zu tragen!

Was will ich bloß in Trempen tun?!

Was will ich bloß in Trempen tun?!
Das läßt mir keine Ruh!
Ich schlag' mir rum mit die Idee:
In Trempen? Ich? Wozu?

Ich faß' an meinem Dusselkopp
Und griebel tief und still,
Ich weiß warraft'gen Gottche nich,
Was ich in Trempen will!

Ich kenn' dort keinem Menschen nich,
Ich weiß knapp, wo das liegt,
Nei, Trempen is mir firchterlich!
Ich denk', und das geniegt!

In Insterburg is doch so scheen,
So ruhig und so still,
Nu sagt mir bloß e einz'ger Mensch,
Was ich in Trempen will!

Nu geh' ich innern Restorang
Und sauf mir orndlich voll,
Vielleicht besinn' ich mir denn auch,
Was ich in Trempen soll!

Nu stolper' langsam ich nach Haus
Und bleib denn wieder stehn,
Und – Trempen, Trempen, Trempen, Trem –
Du mußt nach Trempen gehn!

Und Trempen hin und Trempen her,
Und nuscht wie Trempen bloß, –
Nu huck ich aufe Kleinbahn mir,
Nu geht nach Trempen los!

Und inne Kleinbahn is so kalt,
Das krätsche Fenster zieht,
Ich sitz auf so e harte Bank,
Und ich bin noch so mied!

So drussel ich denn langsam ein,
Die Kleinbahn macht hopp, hopp,
Und Trempen, Trempen, Trempen geht
Mir immer durch em Kopp.

Mit einmal pfeift die Luckmetiew,
Nu sind wir endlich da,
Und „Trempen" brillt der Schaffner laut –
„E Augenblick, ja, ja!" –

Da, wie ich auf em Bahnhof bin,
Da fällt mit eins mir ein,
Was ich partuh in Trempen wolld,
Ich wolld nach Allenstein!

Kardel im Tiergarten

Das Feld war grien, de Sonnche prickcld,
Am Himmel war kein Wolkche nich,
Mittem Gesangbuch huckd de Muttche
Und wärmd dem Reismantismus sich.
Mit eins da sagt se: „Lieber Kardel,
Geh doch e bißche anne Luft
Und schniffel mitte Nasenlöcher
De Sonnche und dem Blumenduft!"
Erst wolld ich nich, jedoch ich mußde,
De Muttche ließ mir nich in Ruh,
Se hat sich richtig aufgerebbelt
Und porrd und pranzeld immerzu,
Da riß ich mir denn nu zusammen,
Huckd meine Kreissäg auf em Kopp
Und tat mir in es Knopfloch stecken
E Blumche außem Blumentopp.
Denn haud ich ab, ich ging e Endche,
Und weilerweis blieb ich auch stehn,
Weil ich das Gras mir und de Bänke
Und de Merjellens wolld besehn.
Da nahm ich eine auf em Kicker
Und krängeld mir bisachte ran,
Rietz – ging se im Zologschen Garten
Und kickd sich de Kaninchen an.
Ich dachd, riskierst mal die fimf Dittchen
Angtreh und kaufst e Kartche dir!
Doch wie ich durchgedrängt mir hadde
Da war mit eins ich – ohne ihr!

Nu stand ich mang die wilde Tiere,
Die brillden, kickden glupsch sich um,
Se gnurrden immer durch e Zähne
Und sockden innern Käfig rum.
Auf weiße Schildchens stand zu lesen,
Wie jeder heißt und wo er wohnt,
Wie alt er is und daß besonders
Dem Krät auch nich zu fittern lohnt.
Da waren Tiger und Hiänen,
E Wolf und e Schakal zu sehn,
E Fuchs, e Löw, e Elefantche
Und wilde Bärens Sticker zehn.
Und denn die Affens! Nei, die Affens!
Die balgden sich wie dammlich rum,
Denn lausden se sich gegenseitig
Und wiehlden sich de Haare um.
Der Adler schlackerd mitte Flochten,
E Habicht kickd von oben zu,
Und denn war da e großer Vogel,
Der hieß mit Namen Marabu,
Der hädd de Schultern hochgezogen
Und hädd e einz'ges Beinche man.
Im Wasser stand der Tintenvogel
Vom Tintenfaß – der Pelikan.
In eine Villa wohnden Poggen,
Der eine war so grien wie Gras,
Die ahlden sich und grapschden Micken
Und kickden durch es Fensterglas.
Ich dachd, was einer fier fimf Dittchen
So allerhand zu sehen kriegt,

Das hädd ich man sollt frieher wissen,
Bloß frieher wußd ich das man nicht!
Und denn die Mänschen! Nei, die Mänschen!
Da war auch nich ein Platzche leer,
Se drängden, schubsden sich und schimpfden,
Von draußen kamen immer mehr.
Die, wo all frieh gekommen waren,
Die kriegden noch e Tulpche Bier,
Die andern gielden bloß von weitens
Und rauchden e Ziegar dafier.
Und welche huckden an die Tische
Bei die Musik auf em Pärrong,
Die aßen dicke Schmalzenstullen
Mit Blutwurst außem Schuhkartong.
Und die Merjellens – aufgedonnert –
Die schmissen mit die Augen rum,
Und wiggelden mit ihre Hiften
Und kickden sich im Gehens um.
Se gnidderden, se suchten Anschluß,
Se prahlden mitte Armbanduhr
Und rannden längs die Promenade
Wie auf Akkord in eine Tur!
Und mittenmang denn die Kapelle,
Die spielde immer vons Papier,
De Noten und de Fliegenpunkte,
Und keiner gab was aus fier ihr!
Von's Sehen und von's Hören war ich
Nu mied und lehnd mir anne Wand,
Im stillen dachd ich: „Nuscht zu machen,
Fier fuffzig Pfennig – allerhand!"

Pilze

Der Fritz hädd Pilzchens im Wald gefunden
Und brachd se, im Schnupptuch eingebunden,
E paar hädd er außerdem noch inne Taschen,
Zu Haus bei e Muttche. Die hädd se gewaschen,
Bebrieht und bepult und geputzt mitte Hand,
Mit Speck se gebraten und saurem Schmand.
Nu aßen se, jeder aus seinem Schalche,
Der Vatche, de Muttche, der Fritz und de Malche,
De Pilzchens, dem Speck, dem Schmand und
    de Zwiebel.
Mit eins wurd de Malche e bißche iebel.
„Herrjehs", sagt der Vatche, „de Malche wird krank,
Da sind bestimmt e paar giftige mang.
Laßt schnell mal de Katz e bißche probieren,
Bei mir tut sich auch all im Bauch was riehren.
Das Kakeln und Reden das könnt ihr eich sparen,
Wir missen gleich aller beim Dokter fahren,
So wie wir sind, in Schlorren und Klumpen,
Der muß uns das Gift außem Magen pumpen.
Da, seht Ihr de Katz? Se tut sich all strecken
Und krimmen und winden, die is am Verrecken.
So huckt auch uns all der Tod im Genick,
Vleicht haben wir aber auch noch mal Glick!" –
Der Dokter der hat mittem Schlauch se gepeinigt
Und ihnen aller dem Magen bereinigt,
Mit Rizinus ihnen noch abgefiehrt
Und zwanzig Gulden vom Vatche kassiert.
Denn fuhren se wieder beruhigt zu Haus,

Von vorn und von hinten – das Gift war raus!
De Katz? Ja, sehn Se, wer hädd das gedacht,
Die hädd drei Junge zur Welt gebracht!
Da griend der Fritzche: „Na viel Vergniegen!
Ei wenn wir nu aller Junge kriegen?"

An Auguste[*]

Was ich frieher sonst nich wußde,
Weiß ich nu durch dir, Auguste,
Wahre Liebe lärnst du mir,
Daderwegen lieb ich dir!
Ach ich winschd, es mechd mir glicken,
Innes Auge dir zu kicken,
Und du kickdest auch in meins
Vierzehn Tage so aus eins!
Mechden doch die Arme langen,
Dir bis hinten umzufangen,
Und denn weiter um und um,
Noch emal bis vorne rum.
Denn mechd ich dir an mir pressen,
Daß du alles möchstd vergessen,
Bis dein Herzche klopfd und buffd,
Daß dir wegblieb foorts de Luft!

---

[*] Aus dem neu erschienenen Bändchen von Dr. Lau „Auguste in der
Großstadt, Heimatbriefe des Dienstmädchens Auguste Oschkenat aus
Enderweitschen per Kieselischken".

Aber wenn du denn möchstd brillen,
Daß ich tu de Blus' zerknillen,
Sagd ich: „Was zerrebbelst dich!
Wahre Liebe knillt doch nich!"
Tu nich mitte Ohren schlackern,
Kick, wie ich mir muß zerrackern
Mittes Dichten wegen dir,
Drum, Auguste, liebe mir!

Was giebt Neies in Insterburg?

Eine lustige Szene für zwei Personen. Sie kann natürlich, je nachdem, welche Kräfte zur Verfügung stehen, auch von zwei Damen gespielt werden, oder von einer Dame und einem Herrn.

Es empfiehlt sich, sehr langsam zu sprechen. Das Gespräch – in kürzerer Form – war in meiner Jugendzeit vielen Ostpreußen bekannt, ist aber in Gefahr, vergessen zu werden. Um es zu erhalten, habe ich es niedergeschrieben.

Franz Schwirblies aus Guttalutschen trifft seinen alten Freund Emil Kulschat auf dem Buttermarkt in Insterburg. Er ist fast zwei Jahre nicht in der Stadt gewesen, und nun entspinnt sich folgende Unterhaltung:

Franz: Tag, Emil!

Emil: Tag, Franz!

Franz: Mensch, du siehst aber mickrig aus. Bist krank?

Emil: I wo! Bloß e bißche mied.

Franz: Von was bist mied?

Emil: Von garnuscht.

Franz: Und wo gehst hin?

Emil: Ich? Nach Georgenburg.

Franz: Und zu was gehst nach Georgenburg?

Emil: Zu was? Na, siehst doch, zu Fuß.

Franz *(lacht):* Und was giebt Neies in Insterburg?

Emil: Nuscht!

Franz: Wirklich nuscht?

Emil: Nei.

Franz: Garnuscht?

Emil: Garnuscht.

Franz: Ieberhaupt nuscht?

Emil: Ieberhaupt nuscht.

Franz: In zwei Jahre muß doch was Neies geben!

Emil: Giebt aber nuscht, das Alte is noch nich
       aller. Heechstens, daß de Tante Lina e Hund
       hat.

Franz: De Tante Lina hat e Hund? Was fier einem? Is er
       groß?

Emil: Nei.

Franz: Klein?

Emil: Auch nich.

Franz: Is er schwarz oder weiß?

Emil: Nuscht von beides.

Franz: Is er jung oder alt?

Emil: Frag nich so dammlich. Dot is er!

Franz: Was, de Tantche ihr Hund is dot?

Emil: Zuerst war er noch lebendig.

Franz: Und nu is er dot?

Emil: Nu is er dot.

Franz: Wieso is er nu dot?

Emil: Na, er wurd doch iebergefahren.

Franz: Iebergefahren? Wie is das gekommen?

Emil: Na, bei de Tantche ihr Begräbnis.

Franz: Bei de Tantche ihr Begräbnis? *(entsetzt)* Is de
       Tantche denn dot?

Emil: De Tantche is dot.

Franz: Wodran is se denn gestorben?

Emil: Am Strick.

Franz: Am Strick?

Emil: Se hat sich doch aufgehongen.

Franz: Aufgehongen? Aber zu was bloß?

Emil: Zu was? Na wegnem Onkel Julius.

Franz: Wegnem Onkel Julius?

Emil: Wegnem Onkel Julius.

Franz: Hat er ihr so doll geärgert?

Emil: I wo, geärgert nich.

Franz: Was hat er denn?

Emil: Er hat garnuscht. Se haben i h m!

Franz: Versteh ich nich.

Emil: Eingespundt haben se ihm.

Franz: Eingespundt? Und wegen was?

Emil: Na, er hädd doch Wechselchens gefälscht.

Franz: Wechselchens gefälscht? Das hat er doch all emal
gemacht. Das is doch nuscht Neies.

Emil: Na, ich hab dir ja gleich gesagt, es giebt nuscht
Neies in Insterburg.

Am Schalter

Eine lustige Szene für eine Dame und einen Herrn.

Der Herr sitzt im Dienstrock am Schalter, die Dame spielt eine ländlich gekleidete Frau mit einem Regenschirm in der Hand.

Sie: Geben Se mir e Billjett fier zwei Mark.

Er: Wohin?

Sie: Das geht Ihnen garnuscht an. E Billjett fier zwei Mark will ich haben.

Er: Ich muß aber wissen, wohin Se fahren wollen.

Sie: Das könnd Ihnen so passen!

Er: Se missen mir doch sagen, wo Se hin wollen!

Sie: Ich denk garnich dran!

Er: Aber, trautstes Frauche…

Sie: Das lassen Se man unterwegs mit trautstes Frauche. Ich weiß, wo ich hin will, und das geniegt!

Er: Nu sagen Se mir endlich, …

Sie: Garnuscht sag ich. E Billjett fier zwei Mark will ich, und wo ich hinfahr, das geht keinem Nachtwächter nuscht bei Tage an.

Er: Nachtwächter haben Se gesagt! Das is Beamtenbeleidigung. Das wird Ihnen teier zu stehen kommen!

Sie: Nu pusten sich man nich so auf, als wenn Se der Keenig von Amerika sind!

Er: Das is ja unerheert! Sind Se denn ieberhaupt noch bei Verstand?

Sie: Mehr wie Sie! Das könnd Ihnen so passen, nachdem ieberall rumzuerzählen, wo ich hingefahren bin.

Er: Das intressiert mir garnich!

Sie: So? Und zuwas wollen Se es denn partuh wissen? Vorgester hab ich e Briefmark fier zwei Dittche ge-kauft, und der Herr wolld auch nich wissen, an wem der Brief is.

Er: Das is doch auch ganz was andres.

Sie: Das is garnuscht andres, bloß der Herr aufe Post war nich so neigierig wie Sie!

Er: Sagen Se nu endlich, wo Se hin wollen!

Sie: Und ich sag nich! Geben Se mir nu das Billjett!

Er: Wenn Se nich sagen...

Sie: Ich werd mir ieber Ihnen beschweren! So was is mir noch nich vorgekommen.

Er: Se können sich hundertmal beschweren, aber wenn Se nich sagen, kann ich Ihnen kein Billjett nich ge-ben.

Sie: So, Se können nich? Warum konnd denn der Herr aufe Post?

Er: Da steht ja aufem Brief oben, wo er hin soll.

Sie: Ich hab ihm aber nich gezeigt. Denken Se vleicht, ich bin dammlig?

Er: Ich muß es bald annehmen.

Sie: Nehmen Se das zurück! Sofort, sag ich, sonst hau ich Ihnen mittem Schirm umme Ohren!

Er: Nu auch noch tätliche Bedrohung!

Sie: Ach, Angst haben Se auch? Vor so e altem Regenschirm? Da missen ja de Hiehner lachen.

Er: Aber heechstens ieber Ihnen.

Sie: Nu langt es mir! Geben Se mir nu das Billjett oder nich?

Er: Aber...

Sie: Nuscht von aber. Geben Se oder geben Se nich?

Er: Nei.

Sie: So! Behalten Se Ihr koddriges Billjett. Denn geh ich ebend zu Fuß!

Herbst

Ein Idyll

Plidder, pladder ...
Wo ich hintret, nuscht wie Schmadder!
Umme Ecken pfeifen Stirme,
Vor mir gehn zwei Regenschirme,
Rechts mit mächtig dinne Waden,
Links de Hos' zu kurz geraten,
Aufgekrempelt obendrein,
Reicht se doch im Dreck hinein! –
Pustend und vom Regen feicht,
Kommt e Auto angekeicht,
Und im Takt mit dem Geknatter
Fliegt der Schmadder
    Plidder, pladder ...

Plidder, pladder ...
Naß wie e geleckter Kater!
Aufe Kremp von meinem Hut
Sammelt sich das Wasser gut,
Und bei jeder kleinen Gleitung
Funktioniert die Wasserleitung.
Jeder Hund sein Schwanzche klemmt,
Daß es bloß nich fortgeschwemmt,
Jeder strebt nach seinem Nest,
Bloß zwei Frauen stehen fest,
Im Gekakel, im Geschnatter,
Bei dem Schmadder!
    Plidder, pladder ...

Mein Hund

Ich hab zu Haus e großem Hund,
Der schläft mang meine Hiehner,
Am Koppche is er Dackelmops,
Am Zagel Bernhardiner.

Er is all alt und heert nuscht mehr
Und schielt auf beide Augen,
Drum is er ja auch eigentlich
Zu nuscht mehr zu gebrauchen.

Bloß eins erfüllt mir immerzu
Mit Freide und Entzicken,
Weil er auf beide Augen schielt,
Kann ieber Kreiz er kicken.

Das is de einzge Eigenschaft,
Wo an ihm tut was taugen,
Was mancher mitte Fieße macht,
Das kann er mitte Augen.

Wie herrlich kann er ieber Kreiz
Mit seine Augen gluddern!
Drum lieb ich auch meine Hundche sehr
Und tu ihm gut betuddern.

Vor bald ein Jahr, da wolld ich mal
Ihm inne Augen kicken,
Ich renkd mir bald de Augen aus,
Es wolld und wolld nich glicken.

Ich aber ließ nich nach und iebd,
Und da, zu meiner Freide,
Kriegd ich mit eins de Richtung raus,
Nun – – schieln wir alle beide!

Der Schloßteich

Schloßteich, du mein scheenster Fläck,
Wo ich hab auf Erden,
Mechd das griene Wasser doch
Bloß nich aller werden!

Einer soll nich quasen mit,
Lieberst soll er sparen,
Inne Spuckschal nämlich kann
Keiner Kahnche fahren,

Inne Wasserleitung geht
Auch nich reinzukriechen,
Und da tut auch nich so scheen,
So – nach Heimat – – riechen! –

Daderwegen dirf der Teich
Niemals nich verloddern,
Auch die griene Streicher soll
Einer nich zerkoddern.

Denn se tuen malerisch
Innes Wasser kicken
Und se tuen auch dem Teich
mit ihr Dasein schmicken.

Ei die scheene Ufers erst,
Wo ringsrummer laufen,
Desto dranner einer is,
Kann er nich versaufen.

Wenn das griene Wasser denn
Ihnen tut bespielen,
Kann die Scheenheit der Natur
Einer orndlich fiehlen.

Mächtig unterm Serwitör
Bufft das Herz im Busen, – – –
Bloß die Bänke, wo da sind,
Kann ich nich verknusen.

Weil da all von Uhre acht
Sich de Pärchens butschen, –
Sagt, was hat e Mensch nu bloß
Von das Maulbelutschen?

Mittem Schlorr missd einer mal
Mang se zwischendämmern,
Denn se hucken dicht bei dicht,
Das is zum Belämmern!

Einer, der wo miede is,
Da gibt nuscht zu mucken,
Muß sich aufem Krängelstuhl,
Aufem Daumche hucken.

Oder einer huckt sich rein
In e Aeppelkahnche,
Jeberm Kopp hängt e Lampjong,
Anne Spitz e Fahnche,

Denn kann er, zurechtgehuckt
Orndlich inne Sielen,
Mitte Ruderflochten nu
Mang es Wasser wiehlen.

Wie e Stinthengst glutscht er denn
Durche Schloßteichwellen, –
Weil da keine Humpels sind,
Kann er nich zerschellen.

Daderwegen kann er dreist
Mitte Flochten sturgeln,
Bloß de Pfeiler vonne Brick
Dirf er nich bewurgeln!

Freehlich tut er nu dahin
Jebers Wasser schweben,
Und e Quetschkommodenlied
Tut de Stimmung heben,

Tut dem salz'gen Ruderschweiß
Mit Musik versießen:
„Wenn du meine Tante siehst,
Sag, ich laß ihr grießen!"

Deshalb sag ich nu zuletzt,
Mechdest du auf Erden,
Schloßteich, trautstes Fläckche du,
Nie nich aller werden!

Fritzchens Weihnachtswünsche

Nu bitte, lieber Weihnachtsmann,
Dir runter aufe Welt ich,
Wer weiß bloß, ob das Bitten nitzt,
Der Vater hat kein Geld nich.

Drum wer ich man bescheiden sein
Und nich zuviel verlangen,
Denn mit e leeres Portmanneh
Is doch nuscht anzufangen.

Zuerst, das is das Wichtigste,
Von wegen meine Vieren,
Tu man beizeiten aus em Schrank
Dem Rohrstock wegradieren.

Und wenn das nich zu machen geht,
Daß du ihm kannst wo klauen,
Schick man dem Vater Hexenschuß,
Denn kann er mir nich hauen.

Dem Kuchen, wo de Muttche backt,
Dem feinen Streiselfladen,
Mit viel Rosinen mittenmang,
Laß klietschig man geraten.

Die andern tuen aller denn,
Man bloß e Schnipsche essen,
Bloß ich allein, ich hau mir rein
Und kann mir ieberfressen.

Die Schmerzen, wo im Bauch denn gibt,
Die brauchst mir noch nich schicken,
Mit die kannst nach die Ferien erst
Mir freindlich denn beglicken.

Denn Asperin und Fliedertee
Und heißem Sirup schlucken
Is allens immer besser noch,
Wie in die Schule hucken.

Dem Rodelschlitten, wo ich will,
Dem tu mir man besorgen,
Vormittag, wenn ich ihm nich brauch,
Wer ich ihm dir auch borgen!

Und sonst – na weiter is ja nuscht,
Was soll ich noch viel schreiben, –
Ach so, zu Ostern laß mir doch
Bestimmt nu hucken bleiben.

Die Schularbeiten kann ich mir
Denn aus em Aermel schlackern,
Denn brauch ich doch e ganzes Jahr
Mir nich so doll zerrackern.

Nu heer ich auf, das Schreiben is
Fier mir e reine Plage.
Vergiß man nuscht! Auf Wiedersehn!
Vergniegte Feiertage!

An der Muschekuh

Gesang eines ostpreußischen Hütejungen

Muschekuhche, nu betrachte
Ich dir all e ganze Weil,
Immer fuchtelst mittem Zagel
Rummer ummes Hinterteil.
Vorne tust aus eins du kauen,
Jedem Rulps e halbe Stund,
Alles kaust du nach die Seite,
Umme Eck und inne Rund,
Was du auf die Weide flicktest,

Butterblumen, Gras und Klee,
Sag mal, trautstes Muschekuhche,
Tut dir nich das Maulche weh?
Mit die große, blaue Augen
Plinkerst du mir freindlich zu,
Zwischendurch riehrst mitte Ohren,
Schlackerst mittes Kopfche du.
Wenn dir auch de Fliegens stechen,
Stets bewahrst du kaltes Blut,
Anders is es, wenn e Bisswurm
Dir mit eins behoppsen tut.
Denn vergißt du foorts das Kauen,
Hebst dem Zagel inne Heh,
Und denn sockst du iebre Felder,
Durche Rieben, durchem Klee.
Halb im Bissens, halb im Kauens,
Schleppst du dir so durche Welt,
Bis der Tod dir, Muschekuhche,
Hinterricks e Beinche stellt.
Und du hast es nicht gesehen,
Daderwegen keiwelst hin,
Und mir piesackt denn die Trännung,
Daß ich foorts ganz traurig bin.
Doch ich weiß, ich seh dir wieder,
Wenn du mir man nich vergißt,
Bloß ich wer dir nich erkennen,
Weil du denn e – – Biefstick bist.

Mai

Ich kann mir gar nich fassen,
Das Herz, das bubbert mir,
Wie soll ich meine Freide
Bloß bringen auf Papier!
Ich bin all ganz bedammelt
Und seifze tief: „Ach nei!
Was soll ich nu bloß sagen,
Wie scheen is doch der Mai!"
Ich heer de Poggen quarren
Am Abend innern Teich
Und setz mir innes Griene,
Es is e bißche weich!
Drum setz ich mir am liebsten
Auf einem Humpel rauf,
Bekriechen mir de Heemskes,
Denn steh ich wieder auf!
De Butterblumen bliehen,
Der Karo reckt sich aus,
Um fimf treibt mir de Sonnche
All aus e Posen raus.
Der alte Ganter schraggelt
Um sechs aus seinem Stall,
Am Zaunche, wo de Sonn trifft,
Da – riecht es ieberall!
De Jungens spielen Klippche
Und Greifche aufe Straß,
Der eine kickt von weitem
Und pult sich inne Nas.

Die Jungen vonnem Schoppen
Schleppt runter unsre Katz,
So Sticker sechs, se macht nu
All fier de nächsten Platz.
Es bliehen de Kastanien,
Maibackels fliegen rum,
Ich hör dem ganzen Abend
Gebrissel und Gebrumm.
Und wenn man knapp beschickt is,*)
Sind all de Knechte da
Und spielen schmalz'ge Lieder
Mit die Harmonika.
Verrickt sind de Merjellens,
Se haben keine Ruh,
Se quietschen laut im Diestern
Und singen immerzu.
Emmend werd ihr nu wissen,
Warum ich mir so frei,
Wenn ich ze sagen hätte,
Wär immer bloßig Mai!

---

*)   Wenn die Tagesarbeit erledigt ist.

Der Hanschke

von Friedrich von Schiller

Fier Ostpreißen umgearbeitet von Kardel

Der Keenig Franz tat auf die Leewens lauern,
So um Kleinmittag, gegen Uhre zehn,
Und auf die Tigers, wo sich zergen sollden,
Das wolld er sich von weitens mal besehn.
Um ihm herum da huckden sich die andern
Und drängden sich zusammen aufe Bank
Aufem Ballkong, wo nuscht passieren konnde,
Und auch e Haufen Weiber waren mang.
An eine Krät, das war die Kunigunde,
Machd foorts sich einer von die Ritters ran,
Der hieß Delorsch und war von bessre Eltern
Und kickde ihr mit Stielchenaugens an.
Bloß der Delorsch, der tat ihr nich geniegen,
Dreckfrässrig, wie e Weibsbild menchsmal is,
Kickd mitte Nasenlöcher sie nach oben,
Das machd ihm ziemlich viel Bekimmernis.
Da winkd der Keenig mittem Zeigefinger,
Die Leewens merkden das und hoppsden rein,
Beschniffelden sich erst und simmelierden,
Wo denn nu bloß de Ritters meegen sein.
Se wollden ihnen gern auf Prob zerpliesern,
Das war e mal e Essen wie zu Haus,
Denn Ritterschinken gab nich alle Tage,
Drum freiden se sich orndlich auf dem Schmaus

Und fuchtelden vor Freide mittem Zagel,
Als wenn e Kindche kriegt e Glasbongbong,
Da plumpsd der Hanschke von die Kunigunde
Mit eins mang ihnen runter vom Ballkong.
Er plaukschde sie im Sand vor ihre Fieße,
Se kickden hin: „Was fällt die Leite ein?"
Der Tiger kratzd sich foorts dem Kopp und dachde:
„Das kann doch nich all wo e Ritter sein?"
Und dem Momang erfaßd die Kunigunde
Und sagd: „Is keiner von die Ritters hier?
Delorsch, nu hol mir fix mal meinem Hanschke
Zurick, de Tierchens lauern all auf dir."
Der Ritter nahm das nu fier volle Wahrheit
Und faßd dem langen Säbel mitte Faust,
Denn haud er ab und schlackerd mitte Knie
Und dachd: „Verflucht, daß dir der Affe laust!"
Die andern taten aller ihm bedauern:
„Was hat der arme Kerdel bloß fier Pech!"
Doch wie er forsch sich mang die Leewens traude,
Da blieb die Leite foorts die Spucke weg.
Und wie er denn mit seine blanke Sporen
Und seine Ristung kam im Käfig rein,
Passierd ihm gar rein nuscht, die Tierchens dachden,
Das muß doch einer von die Wärters sein.
Drum konnd er ruhig sich dem Hanschke angeln
Und brachd die Kunigunde ihm zurick.
Die lächeld all von weitens ihm entgegen
Und jeder dachd, nu kömmt das Liebesglick.
Ja prost! Nu wolld er nuscht mehr von sie wissen,
Weg war die Liebessehnsucht aufe Stell,

Er tat ihr inne Fräß dem Hanschke schmeißen
Und suchd sich foorts e andere Merjell.

Ode an den Mond

Lied aus dem 2. Akt der großen ostpreußischen Posse:
„Auguste"

Trautster Mond, du kickst vom Himmel
Mit dein gelbes Zifferblatt
Wie e i-Punkt, dem wo einer
Orndlich breitgetrampelt hat.
Du bist richtig bloß zum Kicken
Annem Himmel angebracht,
Selten kickst du man am Tage,
Meistens kickst du inne Nacht.

Trautster Mond, von wem wo hast du
Bloß das Kicken abgekickt,
Wenn du rauskickst auße Wolkens,
Machst du einem rein verrickt.
Mang em Kopp, Gemiet und Magen
Wird mit eins so nuschelig,
Und das Herz kriegt Wehmatismus
Und de Seele wundert sich.

Freehlich sockst du deine Wege
Wie e altes Pferd im Trab,
Ferner tust du auch noch nehmen,
Manchmal zu und manchmal ab.
Wenn dir einer zwischendurch mal
Auße Augens wo verliert,
Denn is Neimond: Hintre Wolkens
Wirst du nei denn renowiehrt.

Wenn ich in die Fremde weile,
Wo die beese Menschen sind,
Und ich krieg dir wo zu kicken,
Frei ich foorts mir wie e Stint.
Denn du sockst in ewge Treie
Jeberall, wo ich bloß bin,
Tu man ruhig weitersocken,
Ich bin mied und hau mir hin.

Ostpreußisches Klagelied

Nu riskierde ich gerade,
Meinem Pelzche auszuziehn,
Eingemottet vorgte Woche
Hab' ich ihm mit Naftalin.
Denn hab' ich die wollne Decken
Vonnes Fenster weggemacht
Und die beiden Doppelfenster
Oben aufe Lucht gebracht.

Meine warme Mauchens hab ich
Inne Schieblad reingesteckt,
Und die Rosen innem Garten
Hab ich auch all abgedeckt.
Aus die Tier- und Fensterritzen
Zog ich das Papier all raus,
Denn das warme Wetter sah doch
Mir all meist nach Friehling aus.
Denn hab ich aus die Kommode
Inne Okel aufe Lucht
Alle meine dinne Kleider
Rausgekramt und vorgesucht.
Und die Blus' mit rote Tippels
Hadd ich vor all anzuziehn,
Meinem gelben Strohhut hab ich
Aufgetubbert mit Strobin. –
Wie nu kam der Sonntagmorgen,
Kickd ich außem Fenster raus,
Und da sahen alle Dächer
Mir so eigentiemlich aus:
Alle Pfannen und die Röhren,
Wo das Wasser runterleift,
Wo das Moos all leise griente,
Waren weiß und dick bereift.
Meine Freide war vergebens,
Nu verklamen mir de Händ,
Denn der Wind pust durch e Ritzen,
Und de Kohlen sind zu End.
Nu muß ich von neiem wieder
Rubbeln meine roten Ohr'n,

Und die Rosen innem Garten
Sind mir aller abgefror'n.
Wie ich sah die gelbe Strempels,
Wurden meine Augen naß,
Auf dem Friehling is warraftig
Hier bei uns doch kein Verlaß.
Deshalb hab' ich mir geschworen,
Kommt der nächste Friehling ran,
Denn behalt ich, wenn auch heiß is,
Meinem Pelz bis Juni an!

Das Huhnche

Das Huhnche rudert mitte Fieße
De Körners miehsam außem Sand,
Es dienet auch zu's Eierlegen
Und männlich wird es Hahn genannt.
Es schraggelt ieber dem Gelände,
Dem Kopp gesenkt, dem Schnabel krumm,
Und schmeißt e Aug' auf jedes Wurmche,
Wo mang die Gegend torkelt rum.
Kommt ihm e Pieratz mang e Finger,
Denn zittert er wie Espenlaub
Und wird erst orndlich rumgekoddert,
Bis er bedammelt sinkt im Staub.
Zum Schlucken meist zu lang geraten,
Wird er zerpliesert foorts aus Wut,
Denn huckt das Huhnche sich im Kaulche,

Wo es sich vorher kratzen tut.
Hier nimmt es, seinem Puckel wärmend,
Im Sonnche e paar Augchens voll,
Und wenn das Sonnche richtig prickelt,
Das freit dem Huhnche orndlich doll.
Von's viele Nuschttun wird es miede
Und kriecht um fimf all inne Bucht,
Wo es mang viele andre Hiehner
Und mang em Hahn dem Schlummer sucht.
Um vier all wird es aufgespenkert
Vom Hahn, wo kiewig is und kräht,
Wobei er mitte Augens plinkert
Und seine Gurgel sich verdreht.
Nu geht das Huhnche anne Arbeit,
Weil es sich orndlich hat verruht,
Und denn tut es mit eins kadakschen,
Was meist e Ei bedeiten tut.
Das dirf es aber nich behalten,
Drum fiehlt es starke Trauernis,
Der Hahn tut keine Eier legen,
Weil er dazu zu dammlich is.
Im Friehling is es manchmal glicklich,
So daß es foorts aus Freide kluckt,
Denn wird es zu es Keichelbrieten
Auf fuffzehn Eier raufgehuckt.
Hier huckt es, ohne sich zu riehren,
Und lauert auf dem Augenblick,
Wo fuffzehn Keichels freehlich schiepsen,
Denn fiehlt das Huhnche Mutterglick.
Glupsch kickt es umme Eck und lauert,

Daß keiner sie was tuen kann,
Und ferner lernt es sie beizeiten
Auf Körners und auf Wirmers an.
Aus diese kleine Schiepserkeichels
Gedeihen Hiehners, pöh a pöh,
Wo auf die Speisekarte stehen
Im Resterang als Frikassee.
Trotz Schiepsers und trotz Eierlegen,
Ich möchte doch kein Huhnche sein,
Kadakschen, Klucken, alles geht noch,
Bloß „frikassiert" – das is gemein!

Jahreswende

Von Kardel

Das alte Jahr is abgenutzt,
Drum wird es nu gewendet,
Und der Kalender anne Wand
Is auch all schon beendet.

Dem letzten Zettel hab ich noch
Perseenlich abgerissen,
Wehmietig hab ich ihm zerknillt
Und traurig weggeschmissen.

Da stand e „Einunddreißig" drauf
Und „Wer nich wagt, gewinnt nich",
Nu liegt er im Papierkorb drin,
Und wer ihm sucht, der findt nich.

So is der letzte Tag vons Jahr
Zerknutscht hinweggegangen,
So daß ich mir gezwungen sah,
E neies anzufangen.

Der Abschied von das alte Jahr
Ging mir doch sehr zu Herzen,
Mir tuen vom Silvesterpunsch.
Noch heit de Haare schmerzen

Dreibastig am Kalender tut
E große „Eins" mir kränken.
Wenn die mir lang im Antlitz kickt,
Das is nich auszudenken!

Das is e schreckliches Gefiehl,
Die Eins, die tut mir quälen,
Als wenn se immer kommandiert,
Ich soll nu weiterzählen!

Da huck ich mir dem Deppke auf,
Ich laß mir nich zerwurgeln,
Und geh mir innes neie Jahr
Foorts wieder nei beschnurgeln!

Mein Uhrche

In meinem Stubche ieberm Sofa
Da hängt e kleine, alte Uhr,
Und aus ihr Bauchche bammelt runter
E Kilo anne lange Schnur.

Die andre Schnur is abgerissen,
Ganz frieher war se mal zurecht,
Denn hab ich wo de Schnur verschmissen,
Dem Kilo aufem Sims gelegt,

Und da wolld se mit eins nich gehen
Und hing ganz traurig anne Wand,
Da half kein Pingsern und kein Maddern,
Weil ich die andre Schnur nich fand.

So hängt se nu all viele Jahre,
Ich kick ihr an, es is halb zehn,
Denn weiß ich foorts, herrjehs, nu is ja
All wirklich Zeit zum Schlafengehn.

Und morgens reib ich mir de Augen,
Nu is halb zehn, nu steh ich auf,
So regelt Tag fier Tag ganz pinktlich
Mein Uhrche meinem Lebenslauf.

Se geht nich, schadt nuscht, es geniegt mir,
Se tickt nich, macht mir nich nervös,
So wolld ich ihr gerade haben,
Bloß einmal wurd ich dichtig bees.

Da huckd ich, schlubbernd meinem Kaffee
Und stubbsd dabei dem Kilo an,
Da plumpsd vom Sims der andre Kilo
Und haud mir annem Dassel ran.

Da schleppd ich aber foorts mein Uhrche
Bis aufe Lucht und sagd zu sie,
„Nu kannst mang die Klamotten hängen,
Und tret mir nich mehr wiesawieh!"

Doch – traurig schlichen meine Tage,
Auf die Tapet – e gelber Fleck,
Wenn ich ihm sah, denn missd ich weinen,
Mein trautstes Uhrche war ja weg!

So schleppd ich virzehn lange Tage
Dem stillen Schmerz mit mich herum,
Und denn, denn kletterd aufe Lucht ich
Und kickd mir nach mein Uhrche um.

Nu hängt se wieder auf ihr Platzche,
Die Brusch, wo mir der Kilo schlug,
Is auch all wieder abgeschwollen,
Und nu – is wieder spät genug.

Ich wer mir inne Posen schmeißen,
De Zeigers weisen auf halbzehn,
Nu fircht ich bloß, se kriegt wo Nicken,
Und – fängt wo wieder an zu gehn!

Verzweiflung

Heerst du Krät nich auf zu schnarchen,
Ich bin rein all halb verrickt,
Rietz, da bin ich wach all wieder,
Ebend war ich eingenickt!

Nei, das is zum Hörnerkriegen,
Dieses ew'ge Aergernis,
Könntst dir rein de Haar ausreißen,
Wenn so e Mann besoffen is!

Aber wart, ich wer dir kitzeln
Mit em Strohhalm inne Nas.
Kick! Er rubbelt mit em Daumen
Und denn gnurrt er: Noch e Glas!

Doch jetzt kommt mich ein Gedanke,
Ja, de Mundharmonika
Bind ich untre Nas ihm runter,
Freidig brill ich nu Hurra.

Weil ich denk, nu wird er merken,
Aber nei, der is rein narrsch,
Bei dem Rauf- und Runterpusten
Bläst er dem Radetzkemarsch.

Nu kann bloß noch Schniefke helfen,
Auße Bixenfupp de Dos
Halt ich dicht an seine Tuntel
Und da prust er endlich los,

Reibt sich die verschlafne Augen,
Kickt bedammelt umme Eck,
Und – denn schnarcht er wieder weiter
„Mutter, jag de Fliegen weg!" – – –

Amalie

Amalie is all virzig Jahr,
Sie dienet trei und fleißig,
Und wenn der Friehjahr kömmt im Land,
Denn wird se neinunddreißig.

Wenn das e Weil so weitergeht
Mit das Zurickgekuller,
Denn kömmt se inne Kindheit rein
Und brauch e frischem Schnuller.

Amalie is e edler Mensch,
Behäbig, rund und speckig,
Inwändig hat se viel Gemiet,
Von draußen is se dreckig.

Wenn se sich raufhuckt aufem Stuhl,
Denn stellen wir uns neben
Und denken, wenn se aufstehn will,
Foorts rein, nu bleibt se kleben.

Amalie singt dem ganzen Tag,
Mal schmalzig und mal heftig,
Se singt nich richtig, auch nich scheen,
Doch dafier laut und kräftig.

Se singt von ihrem Grenadier,
Dem kann se nich vergessen,
Und wenn se nich zu heeren is,
Denn tut se Keilchens essen

Und mit e Schalche dicke Milch
De Spirgels runterspielen,
Wo se zuerst bepustet hat,
Um ihnen abzukiehlen.

Das Pusten is se so gewehnt,
Sonst tut es ihr nich schmecken,
Drum pust se auch de dicke Milch
Zuerst von alle Ecken.

Amalie is e Unglicksmensch,
Das is rein nich zu sagen,
Denn was se inne Finger kriegt,
Das tut se auch zerschlagen.

Doch ob se noch so viel zerkeilt,
Se lächelt froh und heiter:
„Das schadt nuscht, Scherben bringen Glick!"
Und töppert ruhig weiter.

Amalie hat zu große Fieß,
De Schuhe tun ihr kneifen,
De Hände sind dafier zu klein,
Drum kann se schlecht begreifen.

Se findt e mal e leichten Tod,
Wenn sie ihm wird erleben;
Viel Geist hat se, das is gewiß,
Bestimmt nich aufzugeben.

Amalie hat, was wichtig is,
Auch nich emal e Kerdel,
Amalie is mit einem Wort
E ausgesprochne Perdel.

Schwäbische Kunde

Von Ludwig Uhland

Fier Ostpreißen umgearbeitet von Kardel

In die Tirkei wurd mal vor viele Jahre
– Das is all meist e Jubiläum wert –
Aus reine pure Dollheit ein Gebirge
Von deitsche Ritters durch und durch gequert.
Das hädd der Kaiser Rotbart bloß befummelt,
Dem spickd der Hafer, und da sagd er sich:
„Ich muß mal raus aus diese molsche Gegend,

Ob einer nu zu Haus huckt oder nich,
Das is all allens eins mit das Regieren,
Und deshalb geht nu los im tirkschen Reich,
Ich will mir mal de Großmoguls bekicken
Und ihre Harems mit das Weiberzeig!"
Nu wienerden de Ritters ihre Ristung
Mit Schmirgel und Sidol und Tärpentin,
Denn wichsden se de krumme Wellblechstiefels
Sich blank mit Spucke und mit Guttalin,
Denn premsden se Bulljong- und Maggiwirfel
Und kalte Klopse innern Rucksack rein,
Manöverzwieback, hartgekochte Eier
Und Gummiknippelwurst und Aeppelwein.
Und denn ging los wie auf e Felddienstiebung,
De Ritters brillden aller laut „Hurra",
Der Kaiser Rotbart konnd am dollsten brillen,
Denn sagd er: „Sind nu alle Ritters da?"
Denn tat er einmal auf em Daumen pfeifen,
Weil mang die Ritters kein Trompeter gab,
Und von das Pfeifen nu infolgedessen
Ging längs e Donau los im Aeppeltrab.
Wie se mit eins nu ins Gebirge waren,
Da wurd mit die Verpflegung ganz verrickt.
Der Rucksack war noch leerer wie der Magen,
De Futterasche war all lang verdrickt,
Und wie se nuscht mehr zu verbeißen hädden,
Da wurd es mit es Fressen allerhand,
Da gab zu Mittag kleine runde Steinchens,
Zu Ambrot aufgewärmtem Wiestensand.
De Schinders waren weder aus Trakehnen,

Noch aus es Landgestiet Georgenburg,
Die Kräten waren aller molsch und klapprig,
Drum hielden se dem Wiestenritt nich durch.
Se kippden um, und alle Ritters schnallden
De Pferdchens hinten auf em Rucksack rauf,
Se konnden sich nich von die Kraggen trennen
Und hoben ihnen zur Erinnrung auf.
Mang ihnen war ein Ritter auch aus Schwaben,
Und dem sein Pferd war ganz besonders schwer,
Und daderwegen machd er schlapp und zockeld
Zehn Kilometer hinten hinters Heer. –
De Tirkens hädden all auf dem gelauert –
Von wegen Harems! Und der Großmogul
Wolld ihm e bißche mang e Rippen buggern
Wie mit es Lienjal inne Klumpenschul.
Nu schossen se mit ihre giftge Pfeile
Auf seinem Schild aus eins rein wie verrickt,
Und der sah aus wie falscher Hasenbraten,
Wenn ihm de Mutterche mit Speck bespickt.
Fuffzehn Heiducken iebden sich mit Zielen,
Die Kräten waren inne Jeberzahl,
Umzingeln ging nich, und da dachd der Ritter:
„Ach, laß se ruhig pinksern, is eingal!"
Die dachden aber nu, er hat Manschetten,
Und wurden dreist und rempelden ihm an,
Und einer fuchteld schaurig mang die Lifte
Und kam bis annem Pferd sein Zagel ran.
Da ging dem Ritter foorts de Galle ieber,
De Finger kribbelden, er kehrd sich um
Und spuckd sich inne Händ und nahm dem Säbel

Und aasd e bißche mang die Tirkens rum.
Dem ersten, wo er mang e Finger kriegde,
Dem diwediert er auf ein Hieb durch zwei,
Dem Sattel auch, der wurd sehr stark beschädigt,
Das war e Augenblick, denn war vorbei.
Der linke und der rechte halbe Tirke
Die sielden sich nu rum im Wiestensand,
Zwei fuffzig Abstand – und die andern Tirkens
Die dachten, das is wirklich allerhand,
Was der da macht, der Krät, der kriegt es fertig
Und schneidt uns aller scheibchenweise auf
Wie Dauerwurst und Emmentaler Käse
Und legt uns auf e Friehsticksstullen rauf.
Und weil se das nu nich riskieren wollden,
Da machden se sich dinn und rickden aus,
Nu konnd der Ritter ruhig weiterzockeln
Und kam auch unbeschädigt fein zu Haus.
Der Kaiser Rotbart heerd nu immer munkeln
Von die Heiduckendiwediererei,
Das freid ihm sehr, drum schrieb er e Depäsche
Und holde sich dem Ritter foorts herbei.
Der kam nu auch und ließ sich ieberheeren,
Denn sagd er lachend mit em Mund verquer:
„Das war man Spaß, Se sollden bloßig sehen,
Wenn ich mal richtig ungemietlich wer!"

Abendlied

des Kutschers Ernst Stullgies von der
Straßenreinigungs- und Millabfuhrgesellschaft.
Milledie: O wie is es kalt geworden.

Nu is fuffzehn! Ganz benuschelt
Mit Gemill und Kohlengrus,
Hängt ins Spind de Straßenreingungs-
Millabfuhrgesellschaftsblus.

Aus das kleine Knöselfeifche
Macht der Knaster dicke Luft,
Ferner wehet aus die Kiche
Auch noch Spirgelprischelduft.

Oben mang die Wolken blänkert
All der Mond und kickt mir zu,
Wie ich qualm und zwischendurch noch
Meinem Priemche suckeln tu.

Aus Geschäfte und Komptohre
Kleckert raus das Personal,
Und die Schalusieens schorren
Aller runter mit Schkandal.

In die Kästen auf die Heefe
Pennen friedlich all und still
Guttalin- und Streichholzschachteln,
Heringsgräten und Gemill.

Flickers und Gemiesestrunkels,
Scherbels, von die Magd zerkeilt,
Asche und Sardinenbichsen,
Leergemacht und eingebeilt.

Aller lauern ungeduldig
Aufe nächste Millabfuhr,
Wo befreit aus die Beklemmnis,
Wo beendigt die Tortur.

Leise kluckert Aufwaschwasser
In die Gullies wohlgemut,
Und die Pferdeäppels hubbern,
Weil der Mond schlecht wärmen tut.

So hat jeder seine Sorgens,
Nei, wie is das Leben schwer!
Jetzt muß ich die Spirgels essen,
Deshalb dicht ich nu nich mehr!

Im Tran

E Mannche torkelt schwer im Stiehm
Frieh morgens durche Stadt,
Bindfäden regent es aus eins,
Das Trittoar is glatt,
Er glitscht, und ieberm Ricken läuft
Vor Angst ihm kalt und heiß,

Durch seine durchne Stiefel rennt
Das Wasser eimerweis.
Er schipft auf das Gepladder, und
Mit eins da schlägt er dal,
Im Modder liegt er nu und lehnt
Sich am Laternenpfahl.
Zu gerne möcht er wieder hoch,
Er glitscht bloß immer aus,
Drum legt er lang sich aufe Seit
Und träumt, er is zu Haus.
Noch einmal gnurrt er: Wenn doch bloß
Das Wetter besser wär!
E langem Schnarcher macht er denn
Und gnurrt nu auch nich mehr. –
De griene Pelerine um
E Schultern rumgelegt,
Kommt einer von die Sipo an,
Zerweicht und aufgeregt.
Der weckt ihm nu und schittelt ihm
Erst orndlich am Genick,
Das Mannche kickt ihm dammlich an
Und stößt ihm denn zurick.
„Na wolln Se denn nich weitergehn?"
Er gnurrt: „Ach laß mir sein!"
Und kehrt sich aufe andre Seit
Und drusselt wieder ein.
Der Sipo läßt bloß nich mehr nach
Und triezt ihm wieder hoch.
„Nu hab'n Se doch Erbarmen, bloß
E halbes Stundche noch!"

„Das geht nich, Mensch, Se haben ja
Ganz quutschig-nasse Fieß." …
„Na darum wart ich ja auch bloß,
Bis bessres Wetter is!"

Ballade

Es lebd vor lange Jahre mal
Mang ihre Enkelchens
E große, schwarze Piesekatz
Mit weiße Sprenkelchens.

Die fraß, was se zu sehen kriegd
Auf ihre Schäselong,
Gemiese, Keilchens, Karmenad,
Käs, Aepfel und Bongbong.

Se lag dem ganzen langen Tag,
Wie so e Katzche liegt,
De Vorderfotchens eingerollt,
Und schnurrd sich eins vergniegt.

Se riehrd sich gar nich vonne Stell,
Das tat se fier kein Geld,
Se freid sich, daß se deesen konnd,
Was kimmerd ihr de Welt!

Da kriegd se mal e Maus zu sehn,
Das hat ihr sehr erschreckt,
Drum kriegd se foorts e Schlaganfall,
An dem is se verreckt! –

Kuwadies

Vorgtem Sonntag bei die Kälte
War auch rein nuscht anzufangen,
Deshalb sind wir mittem Kardel
Innern Kientopp reingegangen.
Wie wir die Billjetters hädden,
Wurden wir nu reingestoppt,
Und der ganze, große Saal war
Knippeldicke vollgeproppt.

Einer huckde aufem andern,
Vore Augen stockediester,
Anne Leinwand war der Keiser
Und die Christen – und die Biester.
Nackte Weiber mit die Kerdels
Lagen lang auf die Schäslong,
Und die Herrens mit die Kickers
Kickden runter vom Ballkong.

Alle, wo ihm nich gefielen,
Wurden innern Teich geschmissen,
Welche wurden von die Löwen
Mittenmang entzweigerissen.
Welche hädden sich im Keller
Bei die Kräten eingeweckt,
Wo se aber einem fanden,
Wurde Feier angesteckt.

Und zuletzt, denn ließ der Keiser
Gleich de ganze Stadt anbrennen,
Und de Menschen fingen aller
An zu schreien und zu rennen.
Da hat einer von die Römers
Aber mächtig aufgemuckt,
Seinem Säbel rausgezogen
Und sich inne Händ gespuckt.

Und der Keiser kroch im Keller,
Und er wußd, jetzt mißd er bießen.
Einer hat ihm aufgespenkert
Und der wollde ihm erschießen.
Wie er nich mehr weiter wußde,
Nahm er schnell sein Messer raus,
Spickde sich in seine Gurgel,
Und denn war der Drama aus.

Bloß dem Kardel hab ich draußen
Noch e kleine Räd gehalten,
Denn der Krät, der kickde immer
Auf die nackigte Gestalten.
Ich – ich hab mir so geängstigt,
Und denn wurd mir schlecht und mieß,
Aufgeschuchert treimd de andre
Nacht ich bloß von „Kuwadies".

De Wehmut

De Wehmut is e Schmerzgefiehl,
Wo an die Seele zoddert,
Als wenn e glupscher Kettenhund
E Keichelche zerkoddert.
Erst tut se wie mit Sandpapier
Von draußen ihr beschurgeln,
Denn geht se mang der Seele mang,
Inwändig ihr zerwurgeln.
Das Keichel lamentiert und quietscht,
Kadakscht und kräht und gackert,
De Seele, wo nich gackern kann,
Is still und wird zerschlackert.
Und wenn se ihr zerpliesert hat,
Denn kriegt se Langeweile,
Und denn behoppst se mittem Rucks
Auch andre Körperteile.
Schwer wie e Zentner Futterkalk

Beklemmt das Herz dem Magen
Und dem Fressascherutschkanal
Bis rauf am Gummikragen.
Was denn im Magen glitschen soll,
Bleibt all im Kehlkopp stecken,
De Wehmut, wo nich schlucken kann,
Das is rein zum Verrecken,
Und wenn e Happche Karmenad
Gelingt sich durchzuschubsen,
Denn muß es inne Därmels sich
Ganz solo rummerstubsen.
Der Kopp is schwer, de Fieße auch,
Der Mensch der huckt und griebelt,
Der Schlaf is rein wie weggepust,
Weil Wehmut einem zwiebelt.
Denn döst der Mensch und dusselt rum
Und hat ins Leib de Kränke,
Da hilft auch keine Literflasch
Mit geistliche Getränke.
Auch auf em Dokter nich emal
Dirf einer sich verspitzen,
Da hilft kein Tee, kein Balderjahn,
Kein Asperin, kein Schwitzen.
Drum geb ich eich noch einem Rat,
Denn heer ich auf zu babbeln:
Geht bloß die Wehmut auße Seit
Und laßt eich nich begnabbeln!

Den Teilnehmern am
23. (1.) Preußischen Provinzial-Sängerbundesfest gewidmet
von Auguste Oschkenat aus Enderweitschen per Kieselischken.

Des Sängers Fluch

Eine Ballade aus Schönbusch.
Milledie: Jeb immer Trei und Redlichkeit.

Wie frieher zum Rasieren noch
Nich gab kein Apperat,
Wohnd in Schönbusch mal ein Balbier,
Der hieß Fritz Kubbutat.

Der aasd mit Pinsel und mit Schaum
Mang alle Stoppels rum
Und wiehld de Menschen auf em Kopp
Fier Geld de Haare um.

Mit Kopfbirst und mit Klatterkamm
Kämmd er se inne Heh
Und kleisterd Brilljantine rein
Und zog de Lausallee.

Er war spacheistrig man und dinn
Und deshalb fix wie doll,
Und sein „Ra- und Frisiersalong"
War immer proppevoll.

Doch heifig schraggelt hinterm Glick
Das Unglick iebre Schwell,
Und geht es auch man beim Balbier,
Es schraggelt immer schnell.

Mit eins, de Birgers kickden hoch,
Da pflanzt sich freehlich rein
Vierstimmig bölkend mang Schönbusch
Auch e Gesangverein.

Der machd all morgens frieh Schkandal
Und brilld im Schritt und Trab:
„Jeb immer Trei und Redlichkeit
Bis an dein kiehles Grab."

Das freid dem Fritzche Kubbutat,
Er schwärmd fier dem Gesang
Bereits all von de Jugendzeit,
Drum ging er auch da mang.

Tagieber schlug er Schaum und kratzd
Wie dammlich foorts fier drei,
Und abends sang er mit Gefiehl
Tenohr und Loreley.

Nu wirkt bekanntlich der Gesang
Wie frische Leberwurst,
Je doller einer singen tut,
Je doller kriegt er Durst.

So ging auch unserm Kubbutat,
Ihm dursterd vom Gesang,
Daß foorts, weil an die Quell er huckd,
Schönbuscher Bier er trank.

Jedoch ans kleine Tulpche hädd
Er niemals nich genug,
Er kiebeld lieberst literweis,
Weil besser das verschlug.

So kam er innes Picheln rein
Mang seinem Männerchor,
Bis daß mit eins verpichelt war
Sein schmalziger Tenohr.

Nu sang er bloß noch Kontrabaß
Und hield sich orndlich ran:
„Im tiefen Keller huck ich hier“,
Das heerd sich rubblig an.

Denn wurd er auch noch korpulent
Und faul, mit einem Wort:
Er kratzd nu nich mehr fix wie doll
De Stoppels auf Akkord.

De Kundschaft ging beim andern rein,
Er war nich fix genug,
Und wie er denn noch Astma kriegd,
Da fluchd er einem Fluch.

Er sprach und schmiß in helle Wut
Dem Seidel inne Eck:
„Kein Tropfche mehr Schönbuscher Bier,
Und wenn ich foorts verreck!"

Und wie er hädd dem Fluch geflucht,
Da ging er aufe Stell
Und huckd sich rein im Krug und trank
Auß Boß – Ponarther Hell!

Oenne Körch

De Emma Matull on de Lina Krakuhn
Dat weere twee ohle Scharteke,
So wie disse beide fundst keine nich mehr,
On deedst ook mielewiet seeke.
Tohus, doa haude se rom möttem Schlorr
On schmätte möt Töpp on möt Emmer,
Doch huckde se eerscht önne Körchebank,
Doa weere se toahm wie de Lämmer.
Se huckde all ömmer e Stund värut
On kunnde nich freeh genog goahne,
On fing de Herr Pfarr eerscht to räde an,
Dänn huulde se soltige Troane.
So weer't alle Sinndag. De Pfarr, därädt
Von Sinde on Busse on Leide
Denn soppde de Troane tom Oppwösche foorts,
So huulde on griende dä beide.

Bloss eenem Sinndag doa weer he verreist
On leet söck e Wärtel teehne,
Doa keem e Pfarr utem andere Därp,
Dat hadde dä twee nich gesehne.
He stund oppe Kanzel on rädt vonne Höll,
Von Busse on Strafe on Sinde,
E haiwe Stund rein drelld he dat Woort
Dreemoal von väre on hinde.
On onse twee dä huulde söck ut
Wie ömmer ön Not on ön Quoale,
Doa kickd de Krakuhnsche möt eent önne Höcht
On mussd nu man Lofft eerscht hoale.
Denn sächt se: „Du, Emma, dat ös er joa nich,
Dat ös nich ons Pfarr, ons fromme!"
„Joa schiet", sächt de Emma, de Oarm önne Sied,
„Wat griene wie denn wie de Domme!"

's Mailüfterl weht...

Es is all orndlich doll zu merken,
Daß einer sich im Mai befindt,
Durch Ärmel-, Knopf- und andre Löcher
Pust freehlich all dem Mai sein Wind.

Er zoddert annem Jeberzieher
Und ans Kostiem, rein wie verrickt,
Rotlachtig leichten alle Tuntels,
Weil sie dem Mai im Aug geblickt.

De Hundchens hucken inne Stuben,
Zum Beincheheben fehlt der Mut,
Weil draußen an die Heiserecken
Dem Mai sein Wind doll pusten tut.

Er feift auch wie e Täschingkugel
Mang alle Beime, wo nich bliehn,
Verklamt, verhubbert auf die Äste
Und missrig huckt das Friehlingsgrien.

De Sonnche scheint man ganz klamiesrig,
E Tropfche aufem hohlen Zahn,
Beschlagen sind de Fensterscheiben
Zu Haus und inne Straßenbahn. –

De Mailuft weht – de Dichters hoppsen
Mang diese Mailuftpoesie –
Se weht, wenn Zeit is im Kalender,
Auch hier bei uns, bloß frag nich wie!

Haßgesang gegen meinem Kragenknopf

Wer hat bloß die krätschen, molschen,
Hinterrickschen Kragenknöpfe
Ausgekniewelt mit die runde,
Blanke, umzubiegne Köpfe!
Diese Dittchekreaturen,
Gut gemeint und schlecht geraten,
Diese wischge Plätthemdpiekser,
Diese Knopflochakrobaten!

Wenn ich dem zu fassen kriegde,
Ei, dem mechd ich kujenieren,
Lebenslänglich missd im Diestern
Kragenknöpfe er dressieren.
Und denn missd er mit sie ieben,
Einzelnt triezen jedes Knoppche,
Bis es durch e Nadelöhrche
Premsen lernt das molsche Koppche!

Winseln missden die Posauken,
Die Geduld- und Menschenschinder,
Bis se klein und häßlich wurden,
Und mit sie der Herr Erfinder.
Morgens mußt aus eins du dulksen,
Mal von vorne, mal von hinten,
Weil se ihrem Kopp nich biegen
Und nich innern Stall reinfinden!

Hast se endlich durchgewurgelt,
Weil das Loch ist ausgenuddelt,
Is der frischgenommne Kragen
Rein wie außem Dreck gebuddelt.
Auf die Hemdbrust, die zerknutschte,
Kannst foorts alle Finger zählen,
Und de Frau fängt an zu kakeln:
„Tu doch bloß nich so ang nälen!"

Abends kommst du abgekrängelt
Gegen zehn zu Haus gescheiwelt,
Denn fängst wieder an zu murksen!
Wer hat bloß dem Knopf bedeiwelt?
Huckt der Krät nich festgerammelt,
Daß er nich dem Kopp kann riehren,
Daß er nich dem Ausgang findet,
Bloß, um dir zu schikanieren!

Und was nitzt nu das Gewurgel,
Kannst ihm nich e mal zerbeißen,
Deshalb bleibt dir garnuscht iebrig,
Wie dem Kragen aufzureißen!
Könnd ich bloß dem Kerl erwischen,
Wo erfunden hat die Kräten,
Dem mechd ich mit kaltem Lächeln
Wie e Regenwurm zertreten!

Rodeln in Luisenwahl

Tut der Bach auch traurig plimpern,
Sind die Beime wiest und kahl,
Meine freidigsten Gefiehle
Hucken in Luisenwahl.

Dorten ist, durch Schnee verursacht,
Annem Abhang aufmontiert,
Eine Rodelbahn befindlich,
Wo im Tale abwärts fiehrt.

Wo ich oben meinem Schlittche
Mang e Beine klemmen kann,
Unten komm ich denn begeistert
Aufem Hosenboden an.

Bloßig, weil der krätsche Schlitten
Immer seitwärts schorren will,
Mitte Spitz nach vorne rodeln
Geht ihm gegen dem Gefiehl.

Dort gibt keine Litfaßseilen,
Wo versteckt im Grase ruhn,
Bloß so niederträcht'ge Humpels,
Wo mit Wuppdich wirken tun.

Wenn der Schlitten, angekurbelt,
Gegen ihnen gegenbufft,
Denn gibt weilerweis und pletzlich
Fier e Dittche Hehenluft.

Das zerstukert die Kaldaunen,
Und de Knöppe halten nich,
Auch de Hosenträger platzen,
Und der Blinddarm reispert sich.

Is der Boden unterkätig,
Schmaddrig, dinn und eißerst feicht,
Fiehlt sich einer voller Freiden
Hin und wieder eingeweicht.

Auch Merjellens halten heifig
In Luisenwahl sich auf.
De Merjellens schorren runter,
Und de Röckchens schorren rauf.

Mang die vielerlei Genisse
Jeb ich mir im Rodeln hier,
Bis ich mit entzweine Knochen
Inne Klinik ritterier. – –

Immer gemietlich!

Der August Schneidereit aus Neu-Stobingen
Fuhr mitte Bimmelbahn nach Insterburg.
Er wolld dem Schwestersohn e Happche
Schmeckwurst bringen,
Weil er noch mal geschlacht hädd zwischendurch.
Er huckd, dem kalten Knösel mang e Lippen,
De Wurst im Schuhkartong, mit Band beschniert,
Und wolld gerad e bische iebernippen,
Da kam e fremder Kerdel reinspaziert.
Der war in Tammowischken eingestiegen
Und hädd e großem Koffer inne Hand,
Er ging de Leite aufes Land betriegen
Mit Schuhwichs, Schreibpapier und Fitzelband.
„Mensch, Fritz, wo kommst du her, du alter Sinder?
Wie lang hab ich dir nu all nich gesehn?
Was machen deine Frau und deine Kinder?
Du häddst doch frieher Sticker acht bis zehn!"
So redt er los mit Hände und mit Fieße,
„Daß ich dir traf! Ich bin direkt beglickt!
Und nu bestell zu Haus man scheene Grieße,
Mein lieber Fritz!" – – Der August huckt und kickt –
„Ich muß nu raus, wir sind in Pieragienen",
Und rietz, da hoppsd er auch all außem Zug. –
Jetz fing der Ernst Padeffke an zu grienen:
„Na August, nu war auch all meist genug!
Was hat der sich da bloß zurechtgedrechselt?
Du hast nich Frau, nich Kind, du heißt nich Fritz.
Der hat dir ganz bestimmt mit wem verwechselt,

Vleicht hädd er auch all einem untre Mitz.
Was sagst dem Dussel das nich gleich beizeiten,
Und wenn er foorzig außem Anzug fällt?"
„I, Mensch, ich fang mir doch nich an zu streiten,
Da weiß nie keiner nich, wer recht behält!"

Die Rose

Ich hab e scheene Rose,
Die blieht, wenn stiemt und schneit,
Die weiß nuscht von Botanik
Und nuscht von Jahreszeit.

Ihr kimmert kein Kalender,
Das is warraftig wahr,
Se is so richtig dammlich
Und blieht im Januar.

Se is man noch a Gnubbel,
Bald wird se greeßer sein,
Und riechen? – Nuscht zu machen,
Das fällt ihr gar nich ein.

Das hat se gar nich neetig.
Zu was auch? Wiesawieh
Gibt ja Parfiem zu kaufen
In jede Droscherie!

Ich tu ihr nich begießen,
Se fiehlt auch so sich wohl,
Ich tu ihr heechstens pudern
Mit Kinder-Wasenol.

Sie blieht an meinem Busen,
Das macht mir viel Verdruß
Und quält mir, weil ich immer
Aus eins mir schobben muß.

Ihr schlackert mitte Ohren
Und denkt, was is nu los?
Nanu? E Ros zum Schobben?
Das is a Girtelros!

Theaterabend

Ach Gottche, nu is all dreiviertelsieben,
Wo is nu bloß mein Gebiß geblieben,
Und de damliche Blus, die springt immer auf,
Der oberste Knopp, und da lang ich nich rauf.
Auch die krätsche Brill is gar nich zu finden,
All wieder knackst e Knopp da hinten!
So, nu noch schnell dem Schenilljeschal,
Da liegt auch de Brill und das Futteral,
Und nu man fix, sonst komm ich zu spät,
Mir scheint, das Licht is all ausgedreht.
Und der ganze Saal is proppevoll,

Ich weiß nich, wie ich das machen soll,
Ich hab e Platz inne vorderste Reih,
Da quetscht sich einer ja bald entzwei.
Und ich dräng und schubbs mir mittenmang,
Nu huck ich endlich, na Gott sei Dank!
Mit eins, nanu, was hab ich getan,
Was kicken mir aller so dammlich an?
Ich merk, ich wer ganz puterrot,
Warraftgen Gott, das is mein Tod.
Fest klemm ich mir am Stuhlche ran, –
„Herrjeehs, ich hab ja noch Schlorren an!"

Blumensprache

Wenn frieher einer reden wolld,
Was kosd das immer Lunge,
Wie aasd er mang die Wörters rum,
Ins Maul mit seine Zunge.
Mit beide Hände fuchteld er,
Kadakschd wie so e Klucke,
Und wenn er denn noch lispeln tat,
Denn langd meist nich die Spucke.
Nu is die molsche Zeit vorbei,
Die Qual hat nu e Ende,
Nu quasselt keiner mehr mit's Maul
Und keiner mitte Hände.
Nu brauch sich der wo reden will
Nich mehr de Zung zerbrechen,

Er kauft sich bloß e Blumenstrauß
Und läßt die Blumchens sprechen.
Die haben, weil sie vons Rundehl
Sich inne Stadt verlaufen,
Das von die Frauens abgelernt,
Wo ihnen tun verkaufen,
Am besten können mittes Maul
Und mit die Zunge klappern
Die Blumchens vom Gesekusplatz,
Die sind aus eins bei's Schabbern,
Die haben vleicht e Zungenschlag,
Mal lauter und mal leiser,
Und wenn se nich zu heeren sind,
Sind se vons Schabbern heiser.
Die kommen bei die Schabberei
Niemals nich auße Jebung.
Fier Stoff is immer da gesorgt:
De Konkurrenz macht Schiebung,
Probiert mit List und mit Gewalt,
De Kunden anzumeiern,
Das is doch wirklich Grund genug
Zus Kreischen und Kaidreiern.
Erst schmeißen se mit Wörters sich
Und denn – denn – mit Gemiese.
Im Winter sind se menchsmal still,
Denn ham se kalte Fieße.
Denn wärmen se am Kohlentopp
Sich die verklamten Hände,
Doch is der Frühling wieder da,
Der Winter knapp zu Ende,

Denn tun se aus die Tierwelt foorts
Mit Namens sich benennen,
So daß de Blumchen, wo da sind,
Sich frisch belernen können.
Drum, willst du mal zu deine Braut,
Wenn eine hast, was sagen,
Denn brauchst du nich erst lang und breit
Mit Wörters dich zu plagen,
Mit die du, wie es menchsmal is,
Dir alles kannst vermasseln, –
Kauf Blumchens vom Gesekusplatz
Und lasse ihnen quasseln. –

Das Flohche

Se huckden friedlich aufe Bank,
Der Mond kickd durche Wolken,
Er hädd dem Schweinstall ausgemist,
Und sie de Kuh gemolken.
Nu hädd er beide Arme fest
Um ihrem Hals geringelt,
Dass se man knapp noch pusten konnd,
So hield er ihr umzingelt.
Se konnd nich weg, se konnd nich auf,
Se konnd nich runterrutschen,
Drum hield se still, was solld se tun,
Und ließ sich von ihm butschen.
Er butschde gut, drum wurd ihr heiß,

Ihr Blut fing an zu kullern,
Und inne Brust das kleine Herz
Tat gegne Rippen bullern.
Mit eins da sagd se: „Heer mal auf,
Mir scheint, mir beisst e Flohche."
„Nanu", sagd er, „an welche Stell?
Emmend wo am Popoche?"
„I wo, hier vorne inne Blus
Da scheint der Krät zu hucken."
„Dem greif ich dir, ich will mir bloss
Schnell aufe Finger spucken."
E Floh auf ihre Firsichhaut,
Das konnd er nich verknusen,
Drum grappschd er längs em Medalljong
Tief rein in ihrem Busen.
Er suchd und wiehld e ganz Weil,
Denn se war gut gewachsen,
Nu hädd er ihm und wolld dem Krät
Foorts aufe Stell zerknacksen.
Da sagd se: „Halt, gib ihm mal her",
Schob ihm zurick im Mieder
Und lächeld sieß und unschuldsvoll:
„Vleicht brauch ich ihm mal wieder!"

Erinnerung

Nei, wie hoppst mein Herzche rum,
Wie e Laubfrosch mang e Veilchen,
Denk ich bloß an Insterburg,
Denk ich an Kartoffelkeilchen!

Und der Gibbel buggert mir,
Von die Sehnsucht wird mir iebel,
Wenn im Geist ich vor mir seh
Spirgel und gebratne Zwiebel.

Mittem Löffel inne Faust
Seh ich forsch mir vor sie hucken,
Seh mir, daß es besser fluscht,
Orndlich inne Hände spucken.

Freidig schniffel ich dem Duft
Rein in meine Nasenlöcher,
Schniffel kurz und schniffel lang,
Schniffel hoch und immer höcher

Und denn wiehl ich mang sie rum,
Und ich eß mir in Ekschtase,
Dicke Tropfens kullern mir
Von die Stirn und von die Nase.

Aufem Haken hängt der Rock,
Aufgekrempelt sind die Aermels,
Fier die Keilchens lifte ich
Meinem Bauch und meine Därmels.

Meinem Riemen schnall ich ab,
Von die Bixen und die Weste
Knöpfel ich die Knöpfe auf
Und denn eß ich immer feste!

Und ich schluck mir rein entzwei,
Und ich muß mir so zersorgen,
Ob ich allens runterkrieg, –
Kauen kann ich iebermorgen.

Nu bin ich bis oben voll,
Auch rein nuscht mehr reinzutreiben,
Und der letzte Keilche muß
Unterwegens stecken bleiben.

Miede bin ich und beleck
Mein Fingers zwischendessen,
Und ich bin so voller Glick,
Denn ich hab mir ieberfressen. – –

Doch so scheen das allens is,
Meine Augen gehn mir ieber,
Fern bin ich von Insterburg,
Und die Keilchens sind vorieber!

Weinend muß ich trocken Brot
In die Klunkersupp nu stippen,
Und die Sehnsucht tut mir foorts
Rein aus meine Klumpen kippen.

Schwörend schwör ich einem Schwur,
Aufgelöst in kleine Teilchen,
Niemals nich vergeß ich eich,
Spirgels und Kartoffelkeilchen!

Ostpreußen

Ich weiß ein Land, so eigen,
So schön, als wär's erträumt,
Wo stolze Tannen ragen
Und weiße Woge schäumt,
Wo segenschwere Erde
Des Wandrers Schritte trägt
Und frohe, lebensstarke,
Gesunde Menschen prägt.
Und fragt ihr nach dem Namen,
So sei er stolz genannt:
Das Land, so schön, so eigen,
Ostpreußen heißt das Land!
Den möcht' ich glücklich preisen,
Der hier zu Hause ist,
Wo aus der Ackerkrume
Das starke Leben grüßt.
Drum dank' ich meinem Schöpfer,
Bin betend ich allein,
Der mich für wert befunden,
Ostpreußens Sohn zu sein.

Ein Wiedersehen

Meinen ostpreußischen Landsleuten in der Fremde gewidmet.

Ich komm' nach Hause! – – Aus der Weite
Der Schule roter Giebel winkt,
Ein neu erwachtes Lied zur Seite,
Das mir der Weg, der Graben singt,
Das Feld, die alten, müden Weiden,
Der große Stein – ein jeder Schritt
Ein Lied vom Glück, ein Lied vom Leiden,
Und meine Seele singet mit.
Da eile auf vertrauten Pfaden
Ich selbst durch frohes Kinderland,
Ein kleiner Bub mit nackten Waden,
Der Beeren sucht am Wiesenrand,
Der auf gewagten Kletterreisen
Nach roten, runden Kirschen schielt,
Der in den tiefen Wagengleisen
Mit bloßen Füßen Zugchen spielt.
Mein Drachen steigt. Mit off'nem Munde
Schau'n aus dem Dorf die Kinder zu,
Die Hühner fütt're ich, die Hunde,
Und hüte unsre Muschekuh.
Den Knall der Peitsche hör ich wieder,
Wohin ich schaue, weit und breit
Erklingt das schönste aller Lieder,
Das Lied von sel'ger Kinderzeit:
Da ist das Dörfchen schon, das liebe,
In dem die Zeit gemächlich rinnt,

Das fern vom lauten Weltgetriebe
Beschaulich in den Abend sinnt.
Hier muß ich träumend stehenbleiben,
Hier ruht die Sorge, schläft die Not,
In kleinen, blanken Fensterscheiben
Verglüht der Sonne letztes Rot.
Mit ehrsam-grauem Moos umsponnen
Der tiefen Dächer flacher Hang,
Der alte Stall, und still versonnen
Der halbversteckte Fliedergang,
Das Brett am Teich, das mich getragen,
Auf dem ich meine Füße wusch,
Und immer, wie in alten Tagen
Noch duftet der Holunderbusch.
Hier ist die Zeit vorbeigegangen,
Hier machte halt das schnelle Jahr,
Vom ersten Eckchen angefangen,
Es ist noch alles, wie es war!
Mein Weg, er führte auf und nieder,
Doch ob ich noch so viel gesehn,
Jetzt, hier zu Hause weiß ich's wieder:
Mein Dörfchen, oh, wie bist du schön!
Ein sel'ges Glück ist mir beschieden,
Doch eines drückt und lastet schwer,
Die Mutter fehlt, sie schläft in Frieden,
Und ihre Stimme ruft nicht mehr!

So schabbern wir

Nirgends auf die weite Erde
Is wie hier bei uns so scheen,
Wo gemietlich wir plachandern
Und zu Haus auf Schlorren gehn,
Wo das Haar sich wird verruschelt,
Und der Lorbaß was bereißt,
Wo kriejulen de Mergellens,
Und das Hundche Schudel heißt.

(Kehrreim, Melodie: „Der Meister, der schmunzelt,
als hab er Verdacht …“)

So war es all frieher,
So is es noch jetz,
Und wenn auch de Jahre verrinnen,
So wird es auch bleiben,
Verlassen sich drauf,
In Königsberg, Lyck und Gumbinnen.

Rein wie dammlich is der Schossel,
Wo am Plaaster sich vergraut
Oder mittem Dubbas maddert
Und dem Schäckert sich besaut.
De Fladrusch wird frisch geforben,
Unterwegens pust der Wind,
Bauchstick gibt es zu Kleinmittag
Und e Kornus hintre Bind.
        So war es all frieher, – – –

Mancher Gnoss is molsch und missrig,
Mancher Dittche wird bedrickt,
Schlunz wird auße Schiew gegessen,
Wer viel Zeit hat, steht und kickt.
Schniefke schnauben schls bammeln, Dielen knaa-
stern,
Stippels stehen aufe Bank,
Soll der Grog dir scheen beschnurgeln,
Dirf man wenig Wasser mang.
Eklipaschen sind klabastrig,
Innes Schaff rumort e Ratz,
       Und e Mutzko war es all frieher, – – –

Mancher Gnoss is molsch und missrig,
Mancher Dittche wird bedrickt,
Schlunz wird auße Schiew gegessen,
Wer viel Zeit hat, steht und kickt.
Schniefke schnauben schopp kriegt der Luntrus,
Wo puscheit de Piesekatz.
       So war es all frieher, – – –

De Kastroll is oft verrostert,
Wuien tut, wem reißt der Zahn,
E Kaluttche trägt der Opa,
Wer gestriezt hat, kommt im Kahn.
Scheeskeruckser is der eine,
Wo sich nich zu mucksen deert,
Ganz karäsig is der andre,
Wo im zunen Wagen fährt.
       So war es all frieher, – – –

Keilchen, Marzepan und Flundern
Scheffelweis es bei uns gibt,
Elche socken durche Gegend,
Und der Bernstein is beliebt.
Deshalb kommt mal rauf im Sommer,
Herzlich laden wir eich ein,
Fleck zu essen, Grog zu schlubbern
Und mit uns vergniegt zu sein.
    So war es all frieher, – – –

De Brill

De Oma kraasselt unters Bett
Mang Schlorren und Gemill,
Und wo se sonst noch kraasseln kann:
De Oma sucht de Brill!

Se is nich hintre Fensterlad,
Nich inne Flickerzich,
Auch hinten inne Bibel drin
Da liegt se diesmal nich.

Nich inne Fupp, nich inne Röhr,
Nich aufem Blumentopp,
Nu weiß se bald kein Stellche nich
Und kratzt sich aufem Kopp.

Se simmeliert: „Im Futteral
Steckd ich ihr auch nich rein,
Wie morgens kam de Zeitung an,
Wo meeg die Krät bloß sein?

Se hat doch keine Klischen nich,
Daß se wo rennen kann,
Das is all heit das zwölftemal,
Was fängt e Mensch bloß an?

Wenn ich ihr bloß zergrabbeln könnd,
Denn soll se kommen mir,
Ich bind ihr anne Hundsbud an
Und lern foorts bellen ihr.

Denn is zu End de Sucherei,
Vorbei das Rumgeklau,
Wenn ich ihr denn bloß rufen tu,
Denn macht se foorts ‚wau-wau!'"

De Oma sucht, de Oma schimpft,
Se is all rein verrickt,
Der Kardelche, ihr Enkelsohn,
Der Gnubbel steht und kickt.

Mit eins grient er de Oma an,
bis solang war er still:
„Wenn du ihr so nich finden kannst,
Denn such doch mitte Brill!"

Rietz, hat er all e Mutzkopp weg,
De Oma kennt kein Spaß!
Da plinst er los: „De Brill – de Brill,
Die huckt – auf deine Nas'!"

Nu schlägt dreizehn

Bei mich zu Haus steht aufem Tisch
E dicker, alter Weckert,
Der is mit Grienspan stellenweis
Und Lichtertalg bekleckert.
In die Figuhr, da ähnt er meist
E Brummer ohne Rissel,
Und aufzuziehen geht er bloß
Mit meinem Schlittschuhschlissel.
Er tickt egal dieselbe Tur
Und läßt sich garnich steeren,
Und wenn er manchmal klingern tut,
Denn is er nich zu heeren.
Der Krät, der geht auch nich enzwei,
Der spiert nuscht von Gefiehlen,
Er is von große Zähigkeit,
Mit dem kannst Fußball spielen.
Er is noch von die alte Sort
Aus die Rokockogegend,
Ihm is eingal, ob stiemt, ob schneit,
Ob donnert oder regent,
Er rebbelt seine Stundens ab

Und weist man selten richtig,
Wenn er man freehlich ticken kann,
Das freit ihm doll und dichtig.
Nu wurd mit einmal ganz verrickt,
Denn jedes Uhrche band sich
Mit eins e neies Hälsche um,
Das ging bis vierundzwanzig.
Drum hab ich einem Sonntag frieh
Gemurkselt und gemeistert
Und meinem alten Weckert auch
Mit neie Zeit bekleistert.
Da, bei die beste Kleisterei,
Beis Murksen und Befingern,
Da fängt das alte Meebelstick
Mit einmal an zu klingern.
Das war der letzte Todesschrei
Von meinem alten Weckert,
De Seele brilld noch einmal los,
Denn hädd se ausgemeckert.
Nu stand er still und konnd nich mehr
De Stundens runterhaspeln,
Und bloß beim Schlackern tat im Bauch
E ganz klein bißche raspeln.
Und inne Nacht, das war nich scheen,
Das kann ich eich versichern,
Da kam der alte Weckertgeist
Und tat im Traum mir schichern.
Er hob dem linken Vorderfuß
Und röcheld: Sintemalen
Du mir nu umgebrungen hast

Mit deine neie Zahlen,
Bestell dir schnell dein Leibgericht
Mit Speck und dicke Erbsen
Und hau dir noch de Koddern voll,
Denn jetzo mußt du sterbsen.
Und wie es war und wie es wurd,
Und was nu kam, was weiß ich,
Ich heerd bloß noch: Nu aber schnell,
Es is all fimfunddreißig!
Da wachd ich auf und freid mir doll,
Ich war noch nich gestorben,
Bloß wer mich kommt mit dreizehn Uhr,
Der hat mit mich verdorben.

Auf Anstand

Ei das war vleicht e Prickel, wo
Dem Anstand hat erfunden,
Nu huck ich hier mit meine Flint
All vier geschlagne Stunden,
De Kornusflasch is ausgeknillt,
Kein Tropfche mehr zu kicken,
Mir friert, und alle Naslang rennt
E Hubber ieberm Ricken.
De Feichtigkeit, die ziept im Zeh
Und reißt mir inne Waden,
De Tuntel tröpft. Zu sowas wird
E Mensch nu eingeladen!

De Kniee schlafen umme Wett,
Die muß ich immer wecken,
Und einer dirf sich nich mal traun,
E Ziehgarr anzustecken.
E Dackel mieft an meine Seit,
Doch halbwegs aufe Höhe,
Der frißt de Micken auße Luft
Und gnappst nach seine Flöhe.
Vom Kohldampf hängt mir innerlich
Ganz windschief all der Magen,
Mit Dunst und Nebel is de Brill
Bald fingerdick beschlagen.
Von's scharfe Kicken hab ich rein
Mir de Pupill' verbogen,
Der einz'ge Has', wo hier mal wohnd,
Mir scheint, is umgezogen.
Vleicht hat er sich auch hingehaut
Und schnarcht und denkt im stillen,
Du kannst mir mal, du weißt Bescheid,
E frommem Wunsch erfillen.
Nu geht all bald de Sonnche auf,
Kein Has' nicht kommt, kein krummer,
Und ich steh mir de Fieße breit
Und lauer wie e Dummer.
E Zustand! – Weiter sag' ich nuscht,
Na, ich winsch viel Vergniegen,
Wenn das nu soll e Anstand sein,
Denn steht man – – ich geh liegen!

Die Reue

Oh, könnt ich alles ungeschehen machen!
Wann wird der Schmerz, wann wird das Leid vergehn?
Nun klag' ich laut, indes die andern lachen,
Wer's nie gefühlt, kann nimmer es verstehn,
    Ich huck, verbogen wie e alter Prickel,
    Vom Leid zerknillt, vom Schmerz gebeigt und krumm,
    Denn de Verzweiflung hat mir nu beim Wickel,
    Und längs de Seele rennt die Reue rum.

Ich traf das Rechte immer noch im Leben,
Jetzt seh' ich's ein, ich habe mich geirrt,
Wie glaubte ich, es könnt' ein Unglück geben,
Das so entsetzlich traurig enden wird.
    Nu kleckern mir de Tränen aufem Ärmel,
    Es is e Elend und e Quälerei,
    Der Schmerz, e wiehlt im Kopp und inne Därmel,
    Mit Schlafen und mit Essen is vorbei.

Ich geh' dahin, mich martert jede Stunde,
Der Kummer furcht mein bleiches Angesicht,
Kein Trosteswort aus eines Freundes Munde,
Bald glaub' ich's selbst, ich übersteh' es nicht.
    Und geht's vorüber, werd' ich nie vergessen,
    Was diesem Zustand hat herbeigefiehrt,
    Ich hab' drei Schissel saurem Kumst gefressen
    Und mit e Stippel Buttermilch verriehrt!

Großreinemachen

Nuscht Schrecklicheres gibt es aufe Welt,
Als wenn de Muttche große Rein'gung hält.
Se schobbt und kratzt und fegt und wischt und rubbelt,
Und wenn denn einer wo was zwischenbubbelt,
Denn stampft se aufe Dielen mitte Hacken,
Und denn geht foortzig los mit das Besacken:
„Du stehst da wie e Hammel auf die Wiese,
Was huckst wie so e Pogg mang das Gemiese?
Du mechst ja lieberst hier im Dreck verkommen,
Was hast dir nich e schlunzge Frau genommen,
Denn könntst de Klumpen stellen aufs Bifeeh
Und Runkelrieben setzen im Angtreeh!"
So geht mang das Gekraaßel und Gewiehl
Aus eins ihr Schnabel wie e Häckselmiehl.
Und willst dir denn klammheimlich wo verdricken,
Denn fängt se richtig an mit ihre Zicken:
„Das wär noch was, das könnd dir noch so passen,
Dem ganzen Dreck allein mir raggen lassen,
Und innern Krug emmend, is nich zu sagen,
De letzte Dittchens durche Gurgel jagen,
Du Prickel, aber ich wer dir was husten,
Du bleibst und wirst dem Staub vorn Kaktus pusten!"
So lang wie ich nu all verheirat bin,
Wenn es so sachtche geht auf Ostern hin,
Denn schluck ich jedes Jahr dieselbe Predigt,
Bis de Berein'gung endlich is erledigt,
Denn bin ich immer gänzlich außem Leim,
Und inne Sohlen is das traute Heim.

Es wird gekloppt, gebirst und rumgeschnauzt,
In eine Tur rabastelt und rabauzt –
De Muttche aast mit Schrobber und mit Besen,
Als wenn zehn Jahr nich Ostern is gewesen,
Und krempelt foorts de ganze Wohnung um,
Es ist warraftig rein wie aufem Schrumm.
Mang dies Getöse steh' ich armer Mann,
Und ieberall und dauernd muß ich ran.
De Venus, wo sich, nich mal bar bezahlt,
In Gips nu aufem Sims vom Sofa aalt,
Die scheier ich die Hiften und dem Täng,
De Motten schicher ich aus dem Schäsläng,
Dem Onkel Gustav, hinter Glas verrammelt,
Vergreeßert und als Brustbild aufgebammelt,
Muß mittem feichten Kodder ich erfrischen
Und ihm die Plieren auße Augen wischen,
Bis daß er endlich wieder kicken kann.
Denn kommt nachdem de Tante Jette ran,
Mit ihre spitze Zung und krumme Knie,
Das Prachtstick vonne Ahnengalerie.
Die wird besonders liebevoll bereinigt,
Denn fuffzehn Jahre hat se mir gepeinigt.
Na, is egal, man weiter, immer weiter!
Da steht ja all die krätsche Hiehnerleiter,
Der molsche Tritt, klabastrig und verspakt,
Wo jedes Mal sich auseinanderhakt,
Wenn einer miehsam oben anne Deck
De Spinngewebsels grabbelt auße Eck.
Umschichtig wird vor Angst dir heiß und kiehl,
Das is e grausiges Gesellschaftsspiel.

Wenn de Bilangs verlierst, denn bist erledigt,
Denn fiehlst mit eins dir hinten stark beschädigt,
Und drei Tag später wird es gelb und grien.
Dasselbge Leiden hast mit die Gardin',
Wenn du ihr oben anzubringen traust
Und mittem Rucks zwei Meter runterhaust.
Denn huckst verdutzt patärr. Da is all besser,
Du kratzst dem Rost und Grienspan vonne Messer.
Das is zwar auch nich grad e Mordsvergniegen,
Doch kannst bei wenigstens dir nuscht verbiegen.
E große Freid bestimmt und sehr von Nutzen
Is auch das Lampen- und das Fensterputzen,
Sich aufem Daumen kloppen mittem Hammer
Und Wabbels greifen inne Speisekammer.
Bloß vonne Blumenvas' und sone Dinger
Bleib weg mit deine unegale Finger,
Die festzuhalten, is direkt e Kunst,
Se glutschen wie auf Seif, und denn kriegst Dunst.
So gibt zu Ostern beis Großreinemachen
Fier unsereinem wirklich nuscht zu lachen,
Denn das Gekraaßel geht e ganze Woch,
Wenn Glick hast, denn emmend auch länger noch.
Und dies Zerrebbeln, diese Peerzerei,
Das is de Schattenseit vons Osterei!

De Mäuseplage

Herrjehs, herrjehs, die krätsche Meise,
Mit die es rein all ganz verrickt,
Se peesen kreizweis durche Gegend,
Wo einer huckt, wo einer kickt.

Se pirzeln aufe Etaschären
Und aufe Mullgardinen rum
Und wiehlen inne Speisekammer
Schelee und Wurscht und Kuchen um.

Se saufen Schmandche außes Toppche,
Bulljong und Grießsupp, Saft und Bier,
Und fressen Schinken, Keks und Zwiebel,
Plischsessels, Wuschens und Papier.

Auf die Fressasche sind se gieprig
Wie de Mergellens aufem Tanz
Und, wenn wo Speckche gibt zu riechen,
Denn feimeln foorts se mittem Schwanz.

Denn kommen se in große Scharen,
Denn gehen fein se Polonäs,
Denn stehn se Koppche rein vor Freide
Und schniffeln rum an Glumschekäs.

Und einer weiß nuscht mehr zu lassen,
Nich aufe Lucht, nich aufem Spind,
Nich inne Tonn, nich annem Balken,
Die riechen foorts rein gegen Wind.

Wo knapp se man was aufgespenkert
Zum Suckeln, Gnabbeln und Bekau'n,
Auch wenn se keinem Kohldampf haben,
Tun se begnagen und versau'n.

Und wenn dem Bröch se vollgeschlagen,
Denn sind se kiewig, satt und frech,
Denn kommen se de Birgers schichern
Und tanzen aufes Fladenblech.

Inwändig längs e Hosenbeine
Gehn se de Waden inne Heeh
Und zählen mit de Meiseklauen
De Dittchens innes Portmanneeh.

De Frauens graun sich rein zu Tode
Und brillen huch und rennen raus
Und hoppsen plötzlich aufe Tische
Und schlackern de Klamotten aus.

Und rennt e Maus se gegne Waden,
Denn zieh'n se ieberm Knie dem Rock,
Auch wenn noch Kerdels inne Stub sind,
Und kriegen foorts e Nervenschock.

So tut e Mausche scheißlich wirken,
Wo ziehdraht längs e Dielen huscht,
Und das Verrickste vonnes Ganze,
Rein foorts kein Mensch nich tut ihr nuscht.

De Fallen tun bestimmt nuscht greifen,
Am Meisegift geht nuscht nich ran,
De Katzchens hucken molsch ins Warme
Und riehren keine Maus nich an.

Was soll'n se sich auch so zerrackern,
Das Leben is all schwer genug,
De Menschen tun ja auch nich greifen
Und gehen lieberst innern Krug.

Es ist warraftig zum Verzagen
Mit die verrickte Mauserei,
Wo sich de Kräten so vermehren,
Nu is man eins, rietz, sind all drei!

Und so gedeihet de Famielje
Mit Haut und Haar und Kopp und Bein,
Ich mechd mal wirklich drei, vier Wochen
E richt'ger glupscher Kater sein!

Denn greif ich einzelnt mir die Mauschens,
Und die, wo ganz besonders keß,
Die tachtel ich mit meine Krallen
E halbe Stund lang fier e Freß.

Denn tu ich ihnen fein zerpliesern
Zu Friehstick oder Abendbrot,
Und denn is aus mit das Geärger,
Denn sind de Mauschens – „mause"-dot!

Mein Wochenendhaus

Ich hab' e Hausche mir gebastelt
Aus Grand und Bretter, Spuck und Lehm,
Inwändig is es klein geraten,
Doch draußen is es sehr bequem.
Es is zu kurz und is zu niedrig,
Fier greeßer haud das Geld nich aus,
Nu häng' ich immer nachts zum Schlafen
De Beine außem Fenster raus.
Und wenn ich morgens mir erhebe,
Denn haut der Dassel anne Deck,
Die is all orndlich abgeschurgelt,
Und auch de Haare sind all weg.
Wenn draußen regent, geh' ich drinnen
Dem ganzen Tag mit Kniee beigt,
Und rietz is denn de ganze Willa
Von oben und von unten feicht.
Und inne Kich is nich zu hausen,
Kein Schornstein da, is alles zu,
Nu reichert, daß de Augen tränen,
Wenn ich mir da was schmirgeln tu.
Denn schließlich muß ich doch mal essen,

Wenn ich auch sehr geniegsam bin,
Das Wasser hol' ich außem Dimpel,
Und manchmal is e Pogg noch drin.
De Heemskes kriechen durche Ritzen,
De Pilzkes wachsen untres Bett,
Und an dem Ort, wo still und dunkel,
Da is gerad e Loch im Brett.
Jedoch das tut mir wenig steeren,
Auch wenn da wer vorieberrennt,
Denn das steht fest, das weiß ich sicher,
Daß mir von hinten keiner kennt.
Doch eines, das is von Bedeitung:
Auf hundert Schritt, da steht e Kuh,
Die melk ich nachts, wenn alle pennen,
Und keiner weiß, daß ich es tu.
Beschäft'gung hab ich auch gefunden,
Wo intressant is, ganz gewiß:
Ich zähl' aus eins de Sommersprossen
Und frei mir, daß bald Winter is.

Das war in Insterburg

Wie ich e forscher Kerl noch bin gewesen,
Das Herz noch jung, de Backchens frisch und rund,
Da hab' ich mal e Knospche mir geangelt,
Die wog so ziemlich hundertachtzig Pfund.
E Mordsmergell mit doppelt breite Hiften,
Von alle Seiten war se weich und warm,
Dem ganzen Tag verkaufd se Brot und Kuckel
Und abends ging se stolz mit mir per Arm.

(Kehrreim, Melodie: „Das war in Schöneberg …“)
     Das war in Insterburg vor dreißig Jahr,
     Is meeglich, daß es auch all frieher war,
     Wie liegt so weit nu all des Lebens Mai,
     De scheene Jugendzeit, se is vorbei!

Besonders gieprig war se aufes Scherbeln,
Drum gingen Sonntag meistens wir auf Schrumm
Nach Luxenberg am Pregel hintre Schluchten,
Da schwenkd ich denn die neinzig Kilo rum.
Kein einzges Tanzche hat se ausgelassen
Und is wie dammlich durchem Saal gerast,
Acht Tag noch spierd ich hinterher de Knochen,
Als hädd mir einer mitte Rung beaast.
     Das war in Insterburg – – –

Und einmal hädd se sich de Nas' beplimpert
Mit Bier und Kimmel, Gliehwein und Prienell,
Da haud se achtzehn Gläser foorts in Scherbels
Und war rein nich zu halten, die Mergell.
Dem scheenen, großen Baß hat se zertrampelt,
E Vigelien de Gurgel abgedreht,
Dem Ober mittem Stuhlbein eins geballert
Und was im Drähn noch sonst zu machen geht.
 Das war in Insterburg – – –

Achtkantig is zuletzt se rausgeflogen
Mit ihre ziemlich hundertachtzig Pfund,
Natierlich mißd dem Schmetter ich bezahlen,
Sonst hädden vleicht se ihr noch eingespundt,
Doch statt bei mir sich heeflichst zu entschuldgen,
Wie ich ihr später traf am Buttermarkt,
Hat obendrein se mir noch schwer beleidigt
Und mittem breiten Klotzkork mir beharkt.
 Das war in Insterburg – – –

Da platzd mir endlich aber doch der Kragen,
Was schließlich keiner mir verdenken kann,
Ich ließ die Knosp fier andre zum Beriechen
Und kickd die neinzig Kilo nich mehr an.
Was solld ich länger mir mit ihr zerärgern,
Es gab ja hibsche Mädchens ieberall;
Bald hab ich denn de Richtige getroffen
Und wieder war es aufem Knospenball.
 Das war in Insterburg – – –

Is das e Elend!

Monolog eines Königsberger Droschkenpferdes.

Fier e Droschkenpferdche gibt
Elend bloß und Kummer,
Einer steht am Heimarkt rum
Richtig wie e Dummer!
Hinten anne Hessen hängt
So e Beestklabaster,
Mitte Niesters kickst aus eins
Runter aufes Flaster.
Kniee nach e Heimat, mußt
Stehen bloß und kicken,
Miede bammelt dich dein Haupt,
Schmerz erfillt dem Ricken.
Durch e Rippen pust der Wind,
Einer friert und hubbert,
Statt daß dir der Kutscher wärmt,
Steht der Krät und blubbert
Oderst schlurpst in die Destill
Freehlich seinem Grogche,
Und denn huckt er, angeheizt,
Hinten auf es Bockche.
Währendem er dröseln tut
Und nach Fusel stinken,
Ziept der Reismatismus dir
Inne Hinterschinken.
Ei im Sommer is verrickt
Mit die krätsche Fliegen,

Da kann auch e Droschkenpferd
Rein de Platze kriegen.
Mittem Zagel, mitte Ohr'n
Schicherst mang e Gegend,
Denn die hucken humpelweis,
Wenn drei Tag nicht regent.
Tust im Friehling oder Herbst
Längs e Straßens hampeln,
Mußt du ohne Gummischuh'
Durchem Modder trampeln.
So hat jede Jahreszeit
Ihre eig'ne Plagen,
Das is fier e Droschkenpferd
Rein foorts zum Verzagen.
Zwischendurch kriegst immer noch,
Das ist rein belämmert,
Knapp daß richtig dir verkickst,
Mitte Peitsch gedämmert.
Und wenn alles is zu End',
Kommt das Hauptvergniegen,
Als Dreidittche-Schwartenwurscht
Aufe Freibank liegen.
Aber einmal kommt der Tag,
Wo es gilt zu handeln,
Wo die Seelens mittem Rucks
Aller sich verwandeln.
Und denn paß ich aufem Schwung:
Wer versteht zu erben,
Muß als Pferd geboren sein,
Als Direktor sterben! –

Kaffeeklatsch

Drei Frauens, die hucken zusammen am Tisch
Und gießen dem Plurksch durche Gurgel,
De Zungche, die aast inne Sabberkommod,
Wie mang e Kartoffel der Sturgel.
De Lippen geschwollen, de Tuntel gedunst,
De Augen verdreht und verkrempelt,
Se sind all e Jahr innem Tugendverein
Und als ganz doll zichtig gestempelt.
„Nei heernse", so rebbelt de erste nu los
Und kratzt vonnem Teller de Kriemel,
„Se kennen doch auch die – Se wissen doch all,
Die alte fichulge Schwiemel!"
„Ja, ja", sagt de zweite, „es is e Schkandahl,
Was bloß nu de Kerls an die finden!
Die schmeißt mitte Augen und wippt mittem Stietz,
Die fehlt anne Hundsbud zu binden!"
De dritte die stottert, das boßt ihr verrickt,
Doch freit se im Stillens sich mopsig,
Drum nickt se und häkelt und kaut aufe Kirst
Und kratzt mitte Nadel dem Kopp sich.
Die erste verschlägt nu e bißche de Red',
Se wirgt annem klietschigen Kuchen,
Und wie nu das Happche is runtergeschorrt,
Da muß se dem Faden erst suchen:
„Und Donnerstag ging mittem Kerl se per Arm
Und tat – – – aufe Stell' will ich bleiben,
Warraftigem Gottche, so wahr ich hier huck,
Da könnd einer Biecher von schreiben!"

De zweite: „Das stimmt! Na und die ieberhaupt",
So legt se sich forsch inne Sielen,
„So schlunzig und dammlich, die hat nich emal
Verstand, ihre Hiehner zu fiehlen!"
„Herrjehses!", die erste, die hoppst vonnem Stuhl,
„Erbarmung, ich muß ja all laufen,
Adjeche und dankscheen! Wenn komm'n Se bei mir?
Ich muß noch zu Ambrot was kaufen!"
Weg is se! De dritte, die muß mit Gewalt
Nu rucksweis de Zung sich zerquälen:
„W-wem hat d-die n-nu, sagen Se, b-bloßig gemeint?
Das t-ttun Se mir sch-schnell noch er-erzählen!"
De andre: „Was? Heernse, das wissen Se nich?"
Und denn tut dem Puckel se krimmen:
„Genau weiß ich auch nich, bloß das is gewiß,
Wenn die sagt, denn wird es schon stimmen!"

Abend im Mai

Mich bufft und dämmert doll das Herz,
Mich ruckst in Kopp und Knochen,
Ich hopps, als wenn ich dammlich bin,
Der Mai is ausgebrochen.
Der macht uns aller rein verrickt,
Wir kicken wie bedammelt,
Wenn all mit eins auf einem Baum
E Blattche runterbammelt.
Und wenn de Streichers schießen tun,

Dirf keiner sich nich ducken,
Sonst sieht er auf die Spitzchens nich
De griene Humpels hucken.
Maibackels torkeln mang e Luft
Und hängen ihrem Rissel
In die Kastanienblietens rein,
Wie mancher inne Schissel.
Mit ihre Flochtens burren se
Um Nase, Kopp und Hände,
Holunderstrauch, Staketenzaun,
Und andre Gegenstände.
Wenn einer ihnen greifen will,
Denn muß er sich zerracken
Und schmeißt mit seine Pudelmitz
Die Beester inne Hacken.
Das Dorfche schläft, das Hundche bellt,
Und außem Stall de Liese,
Die kickt vereinsamt gegnem Mond
Und hubbert auf die Wiese.
So geht der Abend nu zu End',
Es schlafen alle Sorgen,
Denn kommt de Nacht, und was noch lebt,
Verklamt bis gegen Morgen.

O, diese Kinder!

Dat ganze Got dat steiht opp Stötze,
De Minna mott dem Oawe hötze
Onn deiht nu röchtig rönnerbriesche,
Dat foorzig rein de Kachle kriesche.
De Kill ös wörklich kein Vergnöge,
Wenn bute alle Näse blöge,
Denn mott et bönne önne Stoawe
Bei uttohole sönn am Oawe.
De Minna ös nich äwermödig,
Man hied ös ganz besondersch needig,
Hied kömmt de Frindschaft angefoahre,
Wie önnet Hus gedofft sull ware,
Wat Kleenet liggt öm Kinderwoage
Onn grient onn bölkt rein tom Verzoage.

So gegen Möddag kömmt de Pfarr,
Schmött omme Schuller dem Talar,
Onn aller stoahne oppem Hupe
Onn wachte, dat wat göfft to supe.
Man eerscht mott noch dat Worm dat niege
Dem Sprengsel an dem Sägen kriege.
Nu stoahne aller doa onn lure,
Dat nich onneedig lang sull dure,
Onn möddemang steiht ook de Frötz
Möt knapp säß Joahr man undre Mötz.
He kann dat aller nich begriepe,
Michd leewerscht fräte, hoppse, piepe,
He steiht warraftig wie opp Koahle,

Dat Stoahne sull de Diewel hoale!
Nu fangt de Pfarr to räde an:
„O, tretet näher nur heran
Und seht das Kindlein auf dem Kissen!
Wer mag sein Lebensschicksal wissen?
Wer ahnt, wie's einst ihm wird ergehen,
Wer kann in seine Zukunft sehen,
Wer mag es heute hier ergründen,
Wer kann es sagen, kann es künden …?"
So rädt he los mött ernster Miene,
Onn alle ohle Wiewer griene.
Doa meldt ons Frötz söck ganz von hinde,
He kann et ook nich hied ergrinde,
Em steere nich de Wiewertroane,
Em ärgert bloß dat krätsche Stoahne,
Onn ganz karäsig seggt he denn:
„E schiet, Herr Pfarr, öck huck mi hen!"

Karo und Ummie

Eine Hundeballade (Melodie: Ich weiß nicht, was soll es bedeuten.)

Es war mal e struppiges Hundche,
Das wußd nuscht von Rasse und Art,
Es kriegd man sehr wenig zu fressen
Und hausd hintrem Zaun in Ponarth.
Sein linkes Ohr war zerbissen,
Beim Rennen beschond es e Bein,
Die Jungens, die riefen ihm Karo
Und schmissen auf ihm mittem Stein.

Das ließ er sich gern all gefallen,
Bloß eins machd ihm Kummer und Weh,
Sein Herz war entbrannt fier ein Freilein,
Das wohnd inne Lawsker Allee.
Es stammd auße feine Familie
Und wurd' gekämmt und gebirst,
Drei Gänge kriegd es zu Mittag
Und lebd ieberhaupt wie e First.

De Ummie, so hieß das Mergellche,
Der keiner nich schmiß und nich schlug,
Wolld leider vom Karo nuscht wissen,
Er war ihr nich vornehm genug.
Tagtäglich kam er gehumpelt
Und huckd sich hin vor ihr Haus.
Vergebens! – Se kickd durchem Fenster
Und lachd ihm heechstens noch aus.

Es half kein Miesen und Bellen,
Das Herz vonne Ummie blieb hart.
So schlich tagtäglich im Diestern
Er traurig zerick nach Ponarth.
Mit eins is der Friehling gekommen,
Da huckd er mit lautem Gebell
Sich hin vore Ummie ihr Fenster
Und riehrd sich nich mehr vonne Stell.

Vergessen war Fressen und Saufen,
Er huckd bei Tag und bei Nacht
Und hat mittem Zagel gewedelt
Und Stiehlchenaugens gemacht.
Er wurd immer kleiner und dinner,
Doch hat ihm das gar nich gesteert,
Zuletzt war der Karo verschwunden,
De Sehnsucht, die hädd ihm verzehrt.

E Haufche vertrockente Knochen
Bloß zeigd, wo er trei hädd gewacht.
De Ummie, die hat se berochen
Und wieder bloß hehnisch gelacht.
Dem Karo sein Geist, der wandert
Und klappert des Nachts mittem Zahn,
Und das hat bloßig der krätsche,
Lachuddrige Friehling getan.

Hinaus in die Ferne

Ich bin kein Freind von Traurigkeit,
Ich rubbel mit Benzin
De Fleckens auße Kodders raus,
Ich schmier mit Guttalin
De Stiefels und dem Schappoklack,
Das Blänkern macht Figur,
De Hanschkes schmeiß ich inne Eck
Und mir in Posethur.
Denn kommt e Ziehgarr im Gesicht,
E bißche Dampf muß sein,
Und denn zuletzt, denn hau' ich mir
In dem Spaziergang rein.
Ich dammel immer längs e Nas',
Bin von die Flur entzickt,
Der Schlips is ganz nach rechts verrutscht,
Der linke Stiefel drickt.
De Sonnche kickt auf mir herab
So scheen und warm und grien,
Und wo se richtig treffen tut,
Da kleckert Guttalin.
De Veegel brillen außem Baum,
Mein Busen, der frohlockt,
Und alle Naslang kommt aus Boß
E Auto angesockt.
Mit nackte Kniee bölkt aus eins
E Schillerkragenklub,
De andre Hälft huckt nebenbei
Und ißt Kartoffelsupp.

Allmählich wird nu alles grien
Ins Feld und aufe Au,
Der Himmel, der natierlich nich,
Der bleibt, wie immer, blau.
Da huck ich mir auf einem Stein,
Ins Griene is zu feicht,
Ich hab e Flaschche Konjack mit,
Wo noch e Weilche reicht.
Ich kick ihr an und nehm e Schluck
Und treest mir innerlich;
Das Wandern is des Millers Lust,
Ich bin kein Miller nich!

Einst und jetzt

Was war das frieher fier e Frau
E Rebbeln, Ratzen, Racken!
De Kodders schleppden längs em Dreck
Und hauden umme Hacken.

Hoch oben aufem Kirbis huckd
E Wockenrad, e Fladen,
E Flins, e Laubenkolonie
Und e Gemieseladen.

Da flogen Schwalbchens, ausgestoppt,
Mang Flieder, Hyazinthen,
Und wo de Brosch huckd, da war vorn,
Wo blitzen tat, war hinten.

De Schlackerschwengels taten se
In lange Hanschkes premsen,
Bis anne Gurgel – geg'ne Sonn'
Und geg'ne gift'ge Bremsen.

Ei mit's Korsett war erst verrickt!
Das richtig rumzuklemmen,
Da missd e Kerdel mittes Knie
Von hinten gegenstremmen.

Da missd er jappen wie e Hund
Und anne Senkels zoddern,
Das kosd Bulljong, bis daß es glickd,
Dem Panzer anzukoddern.

Der machd nu richtig erst Figur
Wo sonst nuscht war wie Wieste,
Kickd oben auße Dachluk raus
Mit eins de scheenste Bieste.

Und koddrig ging dem armen Bauch,
Im Stitzgestell gewickelt,
Wurd er aus eins bloß kujeniert,
Zerdrickt, zerknillt, zerprickelt.

De Lungefliegel, ieberall
Mit Tralljen eingekastelt,
De Gegend umme Rippen rum,
Die knasterd und rabasteld.

So konnd de Frau nu, fest geschniert,
Nich husten und nich spucken,
Nich biegen konnd se sich emal,
Nich gehn, nich stehn, nich hucken.

Und heite? – Heite geht ihr gut,
Heit hat se freie Bahnche:
E Hemd, e Bix, e Medalljong
Und aufem Bauch e Fahnche!

Der Fischer

Frei nach Wolfgang von Goethe

Der Dimpel rauscht! – Am Ufer macht
E Kerl e Nervenkur,
Er fädelt Regenwirmers auf
Und angelt mitte Schnur,
Dickbröchig is er von Gestalt,
Astmatisch aufe Brust,
Er döst, de Fischchens beißen nich,
Se haben keine Lust.
Und wie er innes Wasser kickt,
E Stund auf eine Stell,
Kommt aus die Tiefe rausgetaucht
E nackichte Mergell.
„Du alter Dussel", brascht se los,
„Was huckst hier rum und kickst?

Du lauerst bloß, daß e Mergell
Beim Baden wo bedrickst!
Du Dunstbröch, alter Prickel du,
Mit dein quadratsches Kinn,
Pack bloßig deine Wirmers ein
Und mach dir schleinigst dinn!"
Und denn – denn kriegt er noch von ihr
Mit eins, es is nich scheen,
E Handvoll Modder inne Freß
Und ward nich mehr gesehn!

Ostpreußische Speisekarte

Wer bei uns sich einquartiert
So auf drei, vier Wochen,
Dem wird bald die West zu eng,
Weil wir richtig kochen.

Fett und kräftig abgemacht
Is bei uns das Essen,
Wer es einmal hat probiert,
Kann es nie vergessen.

Beetenbartsch und saurem Kumst,
Reescher Schweinebraten,
Karmenad und Reicherwurst,
Silz und Streiselfladen.

Wickelfieß und Rinderfleck
Missen Se versuchen,
Bruken, Keilchen, Flaumenkreid,
Klops und Räderkuchen.

Pliezkes, Flinsen und Kissehl
Schmecken auch nich iebel,
Kropfen, Stint und Schmand mit Glums
Und gebrat'ne Zwiebel.

Kleckermus und Kimmelkäs'
Missen Se probieren,
Schabbelbohnen, Saurampsupp
und gedämpfte Nieren.

Bauchstick, Reisbrei mit Kaneel,
Dicke Milch und sieße,
Spirgel, Brennsupp und Haschee,
Schlunz und Kuigelfieße.

Der versoffene Trauring

Eine wahre Begebenheit,
frei bearbeitet nach Friedrich von Schiller.

Se kam aus Kolberg angeschosselt,
Se war vor Freid wie ausgefosselt,
De Tuntel reckd se inne Heeh,
Se hat de scheene Luft genosssen
Und lauerd aufe Sommersprossen
In eine Tur am Eylingsee.

Da hat se einem Kahn zergrabbelt,
Wo vonne Fischchens angegnabbelt,
Klabastrig war und pängsioniert,
Der tat ihr anne Seele schurgeln,
Daß, mang es Wasser rumzusturgeln
Se foorts e großem Drang verspiert.

„Hier längs e Gegend rumzufisseln",
So fing mit eins se an zu brisseln,
„Mang eire Kälberzoologie,
Dient heechstens bloß zum Sohlenreißen,
Ich wer mir aufe Wellen schmeißen,
Wir machen foorts e Bootspartie!"

Nu wurden Klopse abgebraten,
De Kuchen waren gut geraten,
E großer Krepsch wurd eingepackt,
Denn wurd der Kahn mit die Ottielje
Und mit die iebrige Famielje
Bis iebre Ohren vollgesackt.

Los ging, daß foorts de Flicker flogen,
Das Kahnche sockd wie aufgezogen
Mit orndlich Anlauf und mit Schwung,
De Ruders wurden rumgeschlenkert,
De Poggen machden, aufgespenkert,
Vor Schiß direkt e großem Sprung.

Doch schlecht is mit der Götter Neide,
Des Lebens ungemischte Freide
Konnd nich mal innes Kahnche sein.
Der Ring, wie dammlich und verkrempelt,
Vierhundertfuffzig abgestempelt,
Der haud mit eins im Wasser rein.

Da war de Freid wie dotgeschlagen.
Na sowas war auch nich zu sagen,
Das war all wirklich rein verrickt.
Und wie noch alles brascht und schwabbelt,
Da hat e Hecht dem Ring zergrabbelt,
Und zu Kleinmitttag foorts verdrickt.

Nu war er weg! Im Hecht sein Rachen
Mang Stint und viele andre Sachen,
Da gab er auf dem goldnen Geist.
E Trauring wird doch nich gewechselt,
Und aufem Finger raufgedrechselt,
Daß ihm nachdem e Hecht verspeist! –

Doch knapp war man e Woch vergangen,
Da haben se dem Krät gefangen,
Mit Knochen wog er gut fimf Pfund,
Und plötzlich gab e großes Staunen,
Denn mang die molsche Hechtkaldaunen,
Da lag der Trauring, blank und rund.

Nu fällt mir ein der Polykrates,
Was dem sein Feind ihm sagd, er tat es,
Drum schmeiß auch ich dem Ring im See.
Denn wend' auch ich mir ab mit Grausen
Und denk: Mir soll der Affe lausen,
Mein Ring kommt nich mehr inne Heeh!

Der Schnupfen

(Sofern man nicht zufällig mit einem handfesten Schnupfen be-
gabt ist, halte man beim Vortrag fest die Nase zu.)

Se merken all, bei mir is was nich richtig,
Ich sprech heit alles so franzeesisch aus,
In meine Nas' is falsche Weichenstellung,
Da find't mit eins de Luft nich rein und raus.
E starkem Schnupfen hab ich aufgeangelt,
Denn unterwegens hab ich mir verkiehlt – hapschie!
Mein armer Kopp is wie e Pferdeeimer
Und drehnt, als wenn da drin wer Orgel spielt.
De ganze Augen sind mir zugeschwollen,
Ich kick bloß miehsam durche kleine Ritz.
Tauwetter herrscht nu am Geruchs-Gebirge,
Wie außem Glums-Krepsch tröppelt vonne Spitz –
    hapschie!

Dem Regenschirm, dem fehlt rein aufzuspannen,
Es is e Schand, wenn ich mir das beseh',
Jetzt wirg ich pfundweis' Asperinchens runter
Und alle Stund e Stippel Fliedertee – hapschie!
Des Abends tu ich mir de Fieße briehen,
So heiß, wie geht, es is e harter Kampf,
Und wenn im Kessel de Kartoffel kochen,
Denn reck ich meinem Haken ieberm Dampf.
Denn prickeln mir de siedlich heißen Lifte
Mang meine Schniffellöcher innerlich,
Denn geht mit eins de Kinnlad auseinander

Und de Kartoffelchens, die wundern sich –
  hapschie!

Mit Taschentiecher is nich zu geraten,
Drei Dutzend hängen anne Lein all dran,
Und zwischendurch noch immer mittem Ärmel,
Nu kommt das Tischtuch und das Laken ran!
De Menschen haben Angst sich anzustecken
Und bleiben aller meeglichst weit von mich,
Sogar mein Hundche tut dem Zagel klemmen,
Und trotzdem macht er auch hapschie wie ich.
Hapschie – hapschie – hap – hap – schie!
Se sehn ja selbst, es is doch nich zu hausen.
Nei, so e Schnupfen hädd – hapschie! – ich nie,
Da soll doch rein – hapschie! – mir sonst wer lausen,
Jetzt sag ich gar nuscht mehr wie bloß – hapschie!

Ostpreußische Trinksprüche

Wenn ich dir seh', denn muß ich weinen,
Weil du so klein geraten bist,
Drum muß ich leider dir vertilgen
Mit Andacht und mit Hinterlist.
Bestimmt, du mußt mir auße Augen,
Ich kann mir selbst nich weinen seh'n,
Drum kuller runter längs e Gurgel,
Und grieß man auch dem Magen scheen!
   Prost!

Das Wandern ist des Millers Lust,
Laß ihm man ruhig wandern,
Ich nehm erst einem fiere Brust
Und denn auch foorts dem andern.
So leb' denn wohl, du edler Geist,
Wo jedem schmeckt und keinem beißt!
   Prost!

Wenn du man erst im Magen bist,
Denn wird sich alles wenden.
Denn kann dir kein Gerichtsvollzieh'r
Und kein Finanzamt pfänden,
Drum tu dir, bitte, gegnem Tod
Man nich erst lang noch wehren,
Nei, frei dir, daß du sterben mußt,
Bedenk, du stirbst in Ehren!
   Prost!

Seifst, denn mußt ins Jenseits schweben,
Seifste nich, bleibst auch nich leben,
Immer wirst Gemill und Schutt,
So kaputt und so kaputt.
                    Prost!

Spieltähn onn begnabbel nich,
Suup, suup, suup, onn babbel nich.
Suup onn denk önn dienem Sönn,
Wat noch buute ös, mott rönn!

Merk di, deihst öm krog du kruupe,
Drinke kannst, du kannst ok suupe,
Suup di röchtig voll ut Spoaß,
Obber ömmer suup mött Moaß!
Liggst du undrem Dösch ömm Krog,
Denn heer op, denn ös genog!
                    Prost!

De Scherbelei

Wenn der Herbst sich kiehl und feicht
Langsam durche Gegend schleicht,
Wenn es plimpert, pust und hubbert,
Keiner nich von Liebe blubbert
Wenn de Bottkes Wasser zieh'n,
Wenn de Tuntels rötlich blieh'n
Wenn de Leite große Haufen

Torf und Kohlens missen kaufen,
Wenn all friert sogar de Damen,
Wenn de Blumchens bald verklamen
Und verschwinden vom Ballkong,
Denn beginnt de Tanzsäsong.
Denn geht los mit Hoppsen, Schlackern,
Trampeln, Schieben und Zerrackern,
Kullern, Wackeln, Dulksen, Dreh'n,
Scheiweln, Pirzeln, Koppchestehn.
Alles murchelt und machachelt,
Und de Stub is eingekachelt,
Daß auch jedem orndlich schwitzt,
Bis der Tanz so richtig sitzt.
So e Menschenpiesackbud
Schimpft sich Tanzlehrinschtitut.
Aller, wo nich orndlich können,
Humpelweis zusammenrennen,
Und fier Geld sich bei es Hampeln
Aufe Zehen rumzutrampeln,
Was besonders is zu brauchen
Gegen alte Hiehneraugen.
Aller zappeln wie verrickt,
Weil de Leit der Hafer spickt,
Und de Damens bei es Dollen
Gern ihr Fett verlieren wollen,
Weil de schlanke Linie winkt,
Weil es manchmal auch gelingt,
Mittes Plinkern, mittes Babbeln
Einem Kerdel zu zergrabbeln,
Wo zuletzt denn ganz und gar

Sich ergibt e Ehepaar –
Einer sieht, das Tanzen is
Sehr vernimftig, ganz gewiß,
Und wer alles hat kampiert,
Fiehlt sich frei und unscheniert,
Weil er nu riskieren all
kann, zu gehen aufem Ball,
Wo er nich als Dussel kickt,
Wenn de Menschheit sich zerdrickt,
Wo er scherbelt zum Vergniegen,
Daß de Kodders man so fliegen,
Wenn es schmettert durchem Saal:
„Riet em, Julius, Damenwahl!"

Feuerwerk

Es zischt und bumst und prasselt,
Pardauzt und feift und knallt,
Wie bei e Römerhordens
Im Teutoburger Wald.
Es streit mit große Sterne
In gelb und rot und grien,
Und zwischendurch Raketens
Mit helle Zagels zieh'n.
Se schießen durche Gegend
Und platzen oben auf,
Begeistert steht de Menschheit
Und kickt von unten rauf.

Es socken de Pupillen
Erregt am Himmel rum,
Das Herzche kloppt im Busen,
Und keiner kickt sich um.
Dem Schnurgel inne Lifte,
Beklemmt dem Portmanneeh,
So stehn se wie e Mauer,
Und gielen inne Heeh.
Und mancher freit sich doppelt,
Es schuchert ihm de Haut,
Und zwischendurch im Diestern
Da knillt er seine Braut.
So stehn se aufem Humpel
Gekeilt und eingezwängt,
Bis daß de Funkens spritzen
Und bis der Schäckert sengt.
Denn brillen „Huch" de Frauen
Und hoppsen nache Seit,
Und trampeln andre Menschen
De Hiehneraugen breit.
Und wer dem Schmerz erlitten,
Der schobbt sich seinem Zeh,
Und einer gnurrt und brisselt
Und sucht nach seine Pängsneeh.
Ich hab mir unterdessen
Am Busen angelehnt
Von eine runde Dame,
Wo das all scheint gewehnt.
Da stehe gut geborgen
Und weich und sicher ich,

Da bleibt mir warm der Puckel,
Da trifft der Wind mir nich.
Da kann ich freelich kicken,
Bestimmt, da halt ich aus,
Und wenn zu End' der Krempel,
Denn renn ich schnell nach Haus'.

Der Sport

De Welt is rein wie umgekrempelt,
De Leite machen nuscht wie Sport,
Mit Kopp und Fieße, Hand und Hiften,
Und alles peerzt sich auf Akkord.

Se kloppen Fußball aufe Wiesen,
Se hoppsen iebre hohe Schnur
Und rennen wie verspakte Eimers,
Das kost nich viel und gibt Figur.

Se hau'n sich gegne Scheiwelständer
Und trampeln forsch sich aufe Heß,
Und einer mitte Lederhanschkes
Zerbeilt dem andern seine Freß.

Se jachern mit das Abmaracheln
De Lungen rein sich außem Schlung,
Se schwitzen, jappen wie de Hundchens
Und brillen aus Begeisterung.

De Rippen tun se sich verbiegen,
De Därmels werden kujeniert,
Am Kopp sind Knubbels bloß und Bruschen,
Der Bauch is grien und blau kariert.

Mench einer schosselt auch und stukert
Mit sein Motorrad durchem Wald,
De Beime werden umgerempelt,
De Braut is hinten angeschnallt.

Im Wasser schichern se de Fischchens
Und hauen mitte Flochten rum,
Se schwimmen auf Zigarrenkisten
Und machen ihre Puckels krumm.

Se fliegen mitte Streichholzschachtel,
Der Wind muß pusten wie verrickt,
Se reiten, schießen, paddeln, schmeißen,
Bis einer den Rekord bedrickt.

Se spielen Tennis, turnen, tanzen
Und kegeln, daß de Kugel schwitzt,
Se angeln mitte Regenwirmer,
Und keiner weiß nich, ob was nitzt.

Es wird träniert an alle Ecken,
Wo einer hinspuckt, riecht nach Sport,
Das is egal, in weite Ferne
Da blänkert noch e Weltrekord.

Und wer ihm schnappt, kriegt e Medallje
Um seine Gurgel rumgehängt,
Kommt inne Zeitung reingeschmettert
Und wird mit Geld und Ruhm besprengt.

Auch de Mergellens sind begeistert,
Massieren sich de Karmenad
Und millern wegne schlanke Linie,
Das Fett muß weg, und das is schad!

Nachdem gibt nuscht wie dinne Latten,
E bißche drugglich muß doch sein,
Sonst is das nuscht, da reißt sich einer
Doch heechstens bloß e Splitter ein!

Der Sport is scheen, is nuscht zu sagen,
Und trotzdem bin ich nich dafier,
Dem einz'gen Sport, wo ich betreibe:
Wenn mir wo juckt, denn kratz ich mir!

Frühling

De linden Lifte sind erwacht,
Is bloß nuscht von zu merken,
Und einer muß mit steifem Grog,
Sich gegnes Hubbern stärken,
Der Schnupfen hat sich auße Nas'
Noch immer nich verloren,
Im Park, da schlägt de Nachtigall…
… De Steppdeck umme Ohren!

De Sonnche lacht! – Zu was auch nich?
Was soll se schließlich machen?
Se kriegt dem krätschen Schnee nich weg,
Na, is das nich zum Lachen?
De Weide „grient", denn nirgends nich
Sieht einer draußen Kiehe,
Das Thermometer steht auf Null,
Nachts geht es inne Kniee.

Der Krokus streckt dem Dassel raus
Und tut sich foorts verkiehlen,
Das Huhnche friert de Zehen an
Beim Scharren und beim Wiehlen.
De Gimnasiasten schreiben nich
Gedichte und Romänjer,
Und innem Keller die Briketts,
Die werden immer wen'ger.

Das Herz, es jauchzt – – im Pelzgeschäft!
De Liebe muß erkalten,
Und is de Sehnsucht noch so heiß,
Se kann sich nich entfalten.
Der Lenz is da! Doch, treestet eich,
Is wirklich nuscht dahinter,
Wir tauen auf und frieren ein,
Und bald – – – is wieder Winter!

Wie is de Welt bloß roh!

Wie is doch das Leben eigentiemlich!
Seh'n sich bloß emal de Menschen an.
Einer is dem anderen sein Deiwel
Und behuckt ihm, wo er irgend kann.
Jeder kleine Knaatsch wird breitgetrampelt,
Bis e großer Stunk is auf emal,
Wirklich, rein wie dammlich sind de Menschen,
Jeder pust sich auf und macht Schkandahl.

    Geht einem was verquer,
    fällt alles drieber her,
    Sagen Se, erbarmen sich, weshalb, wieso?
    Is auch rein nuscht dabei,
    Immer is groß Geschrei,
    Nei, wie is de Welt, wie is de Welt bloß roh!

Hast mal aufem Steindamm ins Gedränge
Einem angeschubbst, rietz, wird er grob,
Stellt sich hin und schmeißt mit beide Backen
Dir de ganze Zoologie am Kopp.
Und de Leite bilden einen Humpel,
Und denn kriegst erst richtig nu Bescheid,
Daß foorts anne Hälft du all genug hast,
Denn fier sowas haben aller Zeit.
    Geht einem was verquer – – –

Prickel, Krät und Limmel kriegst zu heeren,
Alter Dussel, Pojatz und Rabauk,
Lorbas, schorw'ger Kerdel und Lachudder,
Lauks und Dammlack, Kuigel und Posauk.
Immer greeßer wird denn das Getimmel,
Wo du richtig wie e Dummer stehst,
Immer doller tun se dir besacken,
Bis e Schupo kommt und dir erleest.
    Geht einem was verquer – – –

Pirregraf 6

In Kuckschen is Sitzung vom Tugendverein,
– De Unmoral schreit all zum Himmel –,
Drum lutscht nu der Vorstand sein Grogstangche ab
Und haut mitte Faust aufe Bimmel.

„Ich bitt um Silänzjum, auch dort inne Eck,
Sonst is vonne Red' nuscht zu heeren!
Se wissen, es geht umme Badeanstalt,
Wo aller mit Recht sich empeeren.

Wir haben nu endlich e Wand da gebaut
Und haben getrennt de Geschlechter,
Das hat uns viel Mieh' und Rawasche gekost,
Und jetz? Was macht nu der Pächter?

Er engaschiert fiere weibliche Seit
E männlichem Bademeister,
Der huckt mang e nackigte Frauens nu rum,
Und Eduard Kurbjuweit heißt er.

Und das is empeerend, das is e Schkandahl,
Was kann da nich alles passieren?
Da muß nu energisch der Tugendverein
Beim Magistrat protestieren.

Wenn einer so richtig dem Sumpf sich bekickt,
Denn muß einer doll sich erregen,
Bestimmt, in Gomorrha de Unsittlichkeit
Und in Sodom is gar nuscht dagegen!"

Nu nimmt er e Schlubber und schmeißt de Pupill
Reihum, wo der Anstand sich bristet,
Denn schiebt er erregt seine Stulpen zurick,
Und aller sind sittlich entristet.

Dem Stadtrat, dem fällt das Pängsneeh innes Bier,
De Schulzsche geht hoch wie e Fladen,
Als wenn innes Sitzstick e Kaktus ihr spickt,
Foorts rein wie mit Sprengstoff geladen.

De Schmidtsche, die schlackert mit Kopp und mit Hand,
Sogar de Wowriessche wird munter,
Wo sonst immer still is, der Busen, der geht
Wie e Fahrstuhl rein rauf ihr und runter.

Se kommt in Ekschtase, se fuchtelt und kreischt
Und taucht innem Mostrich dem Kuckel,
Dem Ober, dem rutscht de Bulljong vons Tablett
Und verbrieht de Frau Doktor dem Puckel.

So tobt nu de Schlacht innem Tugendverein,
Es kleckert das Bier längs e Dielen,
Und der Wirt, der brillt nache Feierwehr,
De erregte Gemieter zu kiehlen.

Und langsam bloß legt sich der sittliche Drang,
Dem Sturm der Empeerung zu ieben,
Zuletzt wird e dicker, entristeter Brief
Anne städtsche Verwaltung geschrieben – – –

Umsonst war de Sitzung, umsonst war der Brief,
Umsonst hädd der Sturm sich entwickelt,
Umsonst de Frau Doktor dem Puckel verbrieht,
Umsonst hädd der Kaktus geprickelt.

Es stand auf die Eingab' vom Tugendverein
Innes amtliche Kreisblatt zu lesen:
„Der Bademeister nach Pirregraf 6
Geheert zu die weibliche Wesen!"

De Verjingung

De Bertche war e Staatsmergell,
Zwei Zentner, ungelogen,
Und weilerweiß' auch mehr noch hat
Se ganz bestimmt gewogen.
Zuletzt, se aß bestimmt fier drei,
Da passden ihre Beine
In keinem Futteral nich rein,
Auch Strimpfe trug se keine.
Se war ganz sachtche pöh a pöh
So inne Breit gelaufen
Auch inne Höh, se konnd bequem
Aus jede Dachrinn saufen.
De Kerdels rissen aus vor ihr,
Se schlug mit Fork und Besen,
De Handschrift, wo de Bertche schrieb,
War wochenlang zu lesen.

Dem einz'gen Breitgam, wo se hädd,
Dem tat se foorts verbiegen,
Dem brieschd se einem gegne Bruk,
Der missd fimf Wochen liegen.
Nu missd se solo durche Welt
Und durchem Leben schumpeln.
De Jahre rennden, und das Fett,
Das tat zusammenschrumpeln.
De Bertche wurde dichtig alt,
Das tat ihr sehr schenieren,
Drum fing se aus Verzweiflung an,
Sich nei zu renowiehren.
Erst de Fassad, die tuschd se an,
Denn Schnippseld se de Zodders
Sich neimodsch vonnem Dassel weg
Und kaufd sich perschge Kodders.
Tablettchens fraß se pfundweis' auf,
Von wegen jung zu bleiben,
Und tat sich außem Katalog
Wer weiß nich was verschreiben.
Se schmiß umsonst de Dittchens raus,
Es wolld ihr nich gelingen,
Half alles nuscht, ob so, ob so,
Es wurd nuscht mit's Verjingen.
Doch weil se fest entschlossen war,
Das Letzte zu riskieren,
Fuhr mitte Bahn se nach Berlin
Und ließ sich operieren.
Da flickden se vom Aff e Dries'
Ihr rein mang e Kaldaunen,

Und da, mit eins, da ging es los,
Da missd de Bertche staunen.
Da wurd se scheener Tag fier Tag
Und jinger Satz fier Satzche – – –
Nu rennt se mittem Schnuller rum
Und mittem Sabberlatzche!

Knospenball

Im Grienen Hecht is Knospenball,
Is Schrumm und Tanzvergniegen,
Da schwenkt der Gustov de Marie,
Daß foorts de Flicker fliegen.
Sechs runde Dittchens anne Kass'
Hat er bezahlt Angtreeh,
Nu trampelt de Mergell dafier
Aus eins er aufem Zeh.

Er pust und steehnt und schmeißt das Bein,
Es is rein nich zu sagen,
Zerknautscht is ihm das Schemisett,
Und durchgeschwitzt der Kragen.
Meist hoppst er wie e Pojatz rum,
Weil er dem Takt verlor,
Der kakelbunte Schlips, der huckt
Ihm untres linke Ohr.

Auch de Marieche rackst sich ab,
Als wenn se hat dem Klinger,
De Blus' is hinten durchgefett'
Vom Gustov seine Finger.
Das tut nich weh, de Hauptsach is,
Er liebt ihr trei und heiß
Und kauft, wenn Paus' is, ans Biefeeh
Ihr Limmenad und Eis.

Der Ober balangsiert Bulljong
Und bringt das Braunbier rieber,
Und schubbst ihm einer am Tablett,
Dann schwaukst es foorzig ieber.
De Musekanten, Sticker sechs,
Die geben Saures ihm
Und blasen, daß dem Hundche graut,
Denn drei sind all im Stiehm.

Halb ausgepellt und angetuscht,
Geweehnt, dem Staub zu schlucken,
E Flasche Selter vore Nas',
Rundrum de Knospen hucken,
Von vierzig abwärts, schwarz und blond,
Durchwachsen, dick und dinn,
Doch manche is all abgeblieht
Und hat e Doppelkinn.

Die wo noch jung und drugglich sind
Und wie de Elfchens schweben,
Sind sehr gefährlich, denn da huckt
De Muttche meist daneben.
Se stemmt de Arme gegnem Tisch,
Und schlubbert Plurksch und kickt,
Ob se fier ihr Mergellche nich
Emmend e Mann bedrickt.

Im Grienen Hecht is Knospenball,
Da kannst dir amesieren,
Und scherbelst dir de Sohlen durch,
Das brauch dir nich schenieren.
Auf Socken tanzt sich auch ganz gut,
Drum komm, mein scheenes Kind,
Im Grienen Hecht is Knospenball,
Das is der richtge Wind!